Jennie Allen

Mach doch, was du liebst

Über die Autorin

Jennie Allen ist eine mehrfach ausgezeichnete Autorin, Theologin sowie Gründerin und Leiterin der „IF-Bewegung", die Frauengruppen organisiert. In diesen Veranstaltungen hilft sie den Teilnehmerinnen, das in ihnen steckende gottgegebene Potenzial zu entdecken und zu nutzen. Sie hat am theologischen Seminar von Dallas Theologie studiert und lebt mit ihrem Mann und vier Kindern in Austin, Texas.

Jennie Allen

MACH DOCH, WAS DU LIEBST

Warum deine Gaben, Wünsche und Sehnsüchte kein Zufall sind

Aus dem Amerikanischen übersetzt von Christiane Henrich

Gerth Medien

„Du schufest uns, Gott, zu dir, und unser Herz
ist in Unruhe, bis es Ruhe findet in dir.“

Augustinus von Hippo

Gott, du bist mein Zuhause. Nimm diese Worte
und entzünde Feuer, die nicht gelöscht werden können –
zu deinem Ruhm auf dieser Erde in unserer Zeit.

INHALT

Teil 3: Leben mit Vision

DU BIST NICHT ALLEIN …

Ein kleines Leben leben? Das kann ich nicht. Und auch du solltest das nicht tun! Dieselbe Kraft, die Jesus Christus von den Toten auferweckte, lebt in jedem von uns. Gott hat uns diese lebensverändernde Kraft verliehen, damit wir genau das tun können: Leben verändern. Er hat uns in diese Welt gebracht, damit wir etwas tun.

Warum aber fühlen wir uns dann oft so rastlos? Ich glaube, das ist so, weil wir tief in uns wissen, dass wir für mehr geschaffen wurden als für den Ort, an dem wir uns gerade befinden, und für das, was wir im Moment tun. Es gibt etwas, das durch uns geboren werden soll. Wie auch immer unsere persönliche Geschichte ist: Wir wissen, dass wir irgendwie Teil des Schicksals sind und wir unseren Teil dazu beitragen wollen, es wahr werden zu lassen.

Gott gab uns mehr als unsere eigenen Begabungen, Talente und Fähigkeiten. Er gab uns mehr als inspirierende Zitate und Motivationsveranstaltungen. Er gab uns sich selbst in der Person des Heiligen Geistes, damit wir niemals darauf beschränkt sein würden, nur das zu erreichen, was uns an unserem besten Tag möglich sein wird.

Jennie, hab Dank dafür, dass du uns diese Botschaft nahegebracht hast, denn es geschieht zu unseres Vaters Ehre, dass wir während unseres kurzen Aufenthalts auf der Erde viele gute Früchte bringen. Und, liebe Leserinnen und Leser, mein Gebet ist, dass ihr in großen Dimensionen träumt, glaubt und große Dinge während des einen Lebens wagt, das ihr auf diesem Planeten habt. Wo wir Dinge für unmöglich halten, handelt Gott und tut Wunder. Geh weiter und trau dich, Gott in dir Gott sein zu lassen, damit er Gott durch dich sein kann!

Christine Caine, Autorin von „Unverschämt frei“

Man sagt, die Welt bestehe aus einzelnen Atomen. Aber in Wahrheit besteht sie aus einzelnen Geschichten. Am Anfang war das Wort – nicht Atome – und ebendieses Wort hauchte dich mit seinem Atem ins Leben. Jede Geschichte ist mit einer anderen Geschichte verbunden, die die Geschichte der Zeit verändert – seine Geschichte.

Jetzt passiert deine Geschichte, und du und deine Geschichte sind wichtig – über die Zeit hinaus.

Jetzt ist dein Platz auf der Bühne. Jetzt ist deine Zeit, und jetzt bist du hier. Du wirst an diesem Weg nicht noch einmal vorbeikommen. Es gibt nur diesen Augenblick. Die Ewigkeit ist das Risiko wert. Jetzt ist nicht die Zeit, zurückhaltend mit den Gaben zu sein, die dir gegeben wurden. Teile sie großzügig mit anderen. Jetzt ist die Zeit, mit deinem Leben an einer epischen Geschichte von kühner Opferbereitschaft und erstaunlichem Mut mitzuschreiben. Jetzt ist die Zeit, das eigene Leben auf den Kopf zu stellen. Darin liegt Ruhe für unsere rastlosen Seelen.

Es gibt eine Dunkelheit, die versucht, die Krankheit des „Selbst-groß-sein-Wollens“ zu verbreiten. Christus flüstert uns zu, wie das Heilmittel für unser krankes Ego aussieht: Tritt in den Hintergrund, damit ich mehr Raum gewinnen kann. Aber es gibt eine Lüge, die uns davon zu überzeugen versucht, dass das, was wirklich zählt, der Erfolg in dieser Welt ist. Aber Christus ist die Wahrheit, die flüstert, dass du die Welt wirklich verändern kannst, wenn du dich seiner Person ganz hingibst.

Ann Vosskamp, Autorin von „Tausend Geschenke“

Immer wieder nehme ich diese innere Spannung bei Frauen war; und das ist schon irgendwie komisch, weil wir eine Generation mit so vielen Vorteilen sind. Wir haben mehr, als unsere Eltern hatten. Die meisten von uns haben mehr Schulbildung, größere Häuser – wir besitzen unzählige Privilegien und sogar Luxus. Wir haben so viel und sind so gesegnet, und doch höre ich immer und immer wieder: „Ich fühle mich rastlos. Ich weiß nicht, was es ist, ich weiß nicht, was ich mir eigentlich noch im Leben wünsche. Was vermisse ich? Wie kann es sein, dass ich trotz dieses glücklichen, schönen Lebens, das mir geschenkt wurde, noch immer unzufrieden bin?"

Diese Rastlosigkeit hat aber auch ihr Gutes, denn ich weiß, dass Gott uns durch sie immer tiefer in sein Reich hineinruft – ein Reich, in dem Dinge wie Häuser, dicke Gehälter und Erfolg einfach keine Befriedigung schenken können. Er hat diese Sehnsucht in unser Herz gelegt – Sehnsucht nach mehr von ihm, mehr vom Evangelium, mehr von seiner Güte, mehr von seinem Reich, und so finden wir uns selbst an dieser interessanten Kreuzung wieder als privilegierte Menschen, denen viel gegeben wurde. Aber wie Jesus uns sagte: Wem viel gegeben ist, bei dem wird man auch viel suchen.

Das Leben, das Gott uns anbietet, ist spannend, abenteuerlich und riskant. Manchmal ist es sogar gefährlich. Und es fordert alles von uns, weil ihm unsere Bequemlichkeit, unsere Zufriedenheit oder unsere Sicherheit offenbar ziemlich egal sind. Doch in Gottes Reich finden wir Befriedigung. Das Evangelium macht uns heil und verleiht unserem Leben einen Sinn.

Meine größte Hoffnung für die Jahre, die wir auf diesem Planeten haben, ist, dass wir gemeinsam unsere Hände ausstrecken, die Hände der anderen ergreifen und zusammen Gott nachfolgen. Dass wir bereit sind, alles dafür zu riskieren. Das, glaube ich, ist das Geheimnis des Lebens. Das ist das Geheimnis dieses Reiches, das Jesus uns immer wieder in den Evangelien zu erklären versuchte.

Jen Hatmaker, Autorin von „Dies ist dein Moment"

TEIL 1
DER AUFRUF

KAPITEL 1

EIN AUFRUF ZUM TRÄUMEN

Als ich die Decke unseres Wohnzimmers anstarrte, fielen mir wieder die unschönen Kratzspuren an ihr auf. Denn sofort nach dem Einzug in unser erstes Haus hatte Zac, mein Ehemann, die Popcornstruktur an der Decke abgekratzt, die die Vorbesitzer dort angebracht hatten. Vielleicht denkst du jetzt, dass dich das nicht besonders stören würde, schließlich ist es nur die Zimmerdecke; aber ich starrte sie jeden Nachmittag an. Ich starrte sie jedes Mal an, während mein neugeborener Sohn schlief.

Ich lag dann auf meinem beigen Sofa und starrte die Spuren an, die bei dem Versuch, aus der Decke etwas Perfektes zu machen, zurückgeblieben waren. Und in der Stille – umgeben von all dem, von dem ich glaubte, es wäre alles, was ich mir jemals gewünscht hatte – hatte ich das Gefühl, dass genau das mir förmlich die Luft abschnürte.

Ich liebte meine Familie, aber in dem Prozess, unsere Familie zu gründen, hatte ich irgendwie mich selbst verloren. Leidenschaften waren beiseitegeschoben worden, Träume waren versickert und die Bedürfnisse anderer Menschen außerhalb meiner Familie waren aus meinem Blickfeld gerutscht. Mein ganzes früheres Leben war für die dringenden Bedürfnisse eines kleinen Menschen auf Eis gelegt worden. Ich fragte mich, ob es eigentlich falsch wäre, wenn ich mich auch um irgendjemanden oder irgendetwas außerhalb dieser vier Wände kümmern würde. Und ich fragte mich, ob ich wieder anfangen dürfte zu träumen.

Ich hatte nicht das Bedürfnis, Karriere zu machen, noch nicht einmal, meine Berufung zu finden. Ich hatte ja schon eine: Ich war Mutter. Doch was ich brauchte, war wieder das Gefühl, für mein Leben eine Berufung zu haben. Innerlich fühlte ich mich so unglaublich rastlos.

Ich möchte davon träumen, was diese Berufung in unserem Leben sein könnte.

Drängte mich dieses Gefühl zu etwas Größerem hin, oder lähmte es mich, das Leben, das mir gegeben worden war, mit vollem Einsatz zu leben?

Vielleicht war es beides.

Etwas in mir fühlt sich noch immer rastlos.

Wenn wir die verschiedenen Spuren in unserem Leben betrachten, das doch eigentlich perfekt sein sollte, kann das schon mal wehtun.

Das Wort Berufung hat mich schon immer irgendwie gereizt, als wäre es ein mysteriöses Geheimnis, in dem die Antwort auf meinen absurderweise rastlosen Geist lag. Wir fragen uns, ob wir vielleicht irgendeine geheimnisvolle, große, edle Berufung verpassen, mit der wir die Löcher in unserem unspektakulären Leben stopfen können.

Wir fühlen uns wie betäubt.

Wir fühlen uns gelangweilt.

Nehmen wir mal an, dass es, wenn wir atmen, auch eine Berufung für unser Dasein gibt. Jeder von uns, der noch Atem in seinen Lungen hat, hat auch noch eine Aufgabe.

Ich möchte davon träumen, was diese Berufung in unserem Leben sein könnte.

Die Entscheidung, dieses Buch zu schreiben, entstand aus vielen Gesprächen mit euch. Seitdem ich mein erstes Buch geschrieben hatte (*Alles. Wie ein kleines Gebet mein Leben radikal veränderte*), lautete die meistgestellte Frage meiner Leserinnen in etwa so: „Ich habe es getan: Ich habe mich Gott ganz hingegeben. Aber was jetzt? Ich weiß nicht, was sein Wille für mein Leben ist."

Jeder von uns wurde so geschaffen, dass er an einen einzigartigen Ort mit einzigartigen Möglichkeiten passt. Gottes Wille sieht für jeden von uns anders aus. Die Gebote in der Bibel bilden den Rahmen, und innerhalb dieses Rahmens sind wir frei, ein Leben zu gestalten, das Gott und seine Leidenschaften hier widerspiegelt.

Während ich mich in diesem Jahr mit den Themen Berufung und Träumen auseinandersetzte, habe ich mich in das Leben eines Mannes aus der Bibel verliebt, der ganz sicher ein rastloses Leben führte. Die Geschichte von Josef, die in 1. Mose 37–50 erzählt wird, ist die Geschichte eines Lebens, das manchmal vergeudet erschien. Und doch handelte Gott in jedem Augenblick, der sich banal, unfair und dunkel anfühlte, und machte aus all dem Chaos eine einzigartige Bestimmung und Berufung.

In diesem Buch geht es um Gott.

Und es geht um uns und Gott. Es geht um den Augenblick, in dem wir unsere Augen schließen und Gott sehen. In diesem Buch geht es darum, wie wir uns dem Gott des Universums stellen und ihm Antworten auf die Frage nach dem Leben und den Ressourcen geben, die er uns für unsere Zeit auf der Erde geschenkt hat.

Und weil ich denke, dass wir alle wollen, dass dieser Augenblick ein schöner Augenblick wird, geht es in diesem Buch auch darum, wie wir uns gleichzeitig selbst entdecken und überwinden können. Es geht darum, wie wir mutig genug sein können, uns eine bessere Welt vorzustellen; und wie wir dazu gebraucht werden können, sie zum Besseren zu verändern. Dies ist ein Buch über Windelwechseln und Weltverändern. Dies ist ein Buch über Ängste und Leid und Freude und Begabungen. Ein Buch über all das, was in unserer Macht liegt, und darüber, dass eigentlich nichts in unserer Macht liegt. Dies ist ein Buch über Visionen und Gehorsam.

Ich spüre eine unbeschreibliche Last auf mir.

Einen heiligen, gottgegebenen Eifer, der in meiner Seele brennt: für dich, für uns, für unsere Zeit hier. Weil ich weiß, dass wir nach nur einem Wimpernschlag für immer bei Gott sein werden und es ein Leben gibt, das davor hier gelebt werden soll – in unserer Generation, auf dieser Erde, mit unserem Atem.

Also habe ich die bescheidene Bitte an dich: Träum mit mir!

Wir werden die einzigartigen Fäden unseres Lebens vor uns ausbreiten, die oft zufällig zu sein scheinen und in denen wir uns manchmal sogar verheddern. Aber wir werden sie vor uns auslegen und gemeinsam von einer ewigen Bestimmung träumen; und wir werden ebenso darüber nachdenken, dass wir unser Leben auch vergeuden können.

Doch eben das sollten wir nicht tun.

Mein Gebet ist es, dass Gott mithilfe dieses Buches etwas in dir entfachen wird … vielleicht eine Vision des einzigartigen Grundes, weshalb er dich atmen lässt.

Ich bitte dich, mit mir zusammen einen Weg zu gehen, der ein sehr unangenehmer sein könnte: Ich möchte, dass du es wagst zu glauben, dass Gott eine Vision dafür hat, wie du dein Leben verbringen sollst. Denn das Finden und Erfüllen dieser Vision ist vielleicht die größte Verantwortung, die unserer Generation gegeben wurde – darüber steht nur, Gott kennenzulernen und zu lieben.

Ich wünschte, ich könnte dir jetzt irgendwelche magischen Erlebnisse versprechen, mit Engeln, die nur für dich Visionen in den Himmel schreiben. Ich wünschte, ich könnte dir versprechen, dass du dich am Ende unserer gemeinsamen Zeit nie wieder leer, wie betäubt oder gelangweilt fühlen wirst. Das kann ich nicht. Aber wenn du dich jetzt mit mir auf den Weg machst – dann, denke ich, werden wir Gott handeln sehen.

Wir sind aufgerufen zu träumen.

Das Alte Testament beschreibt einen Tag in der Zukunft, über den Gott sagte:

Wenn dies geschehen ist, will ich, der Herr, alle Menschen mit meinem Geist erfüllen. Eure Söhne und Töchter werden aus göttlicher Eingebung reden, die alten Männer werden bedeutungsvolle Träume haben und die jungen Männer Visionen. Joel 3,1

Gott hat versprochen, dass ein Tag kommen wird, an dem sein Volk mit seinem eigenen Geist erfüllt werden würde. Und wenn sie mit seinem Geist erfüllt wären, würde Gott selbst seinem Volk Träume und Visionen schenken.

Träume und Visionen.

Dieser Tag kam. An Pfingsten überflutete der Heilige Geist die Erde, und unmittelbar danach erinnerte Petrus die Menschen daran, dass dieser Tag ihnen verheißen worden war:

Nein, hier erfüllt sich, was Gott durch den Propheten Joel vorausgesagt hat. Bei ihm heißt es: „In den letzten Tagen, spricht Gott, will ich die Menschen mit meinem Geist erfüllen. Eure Söhne und Töchter werden aus göttlicher Eingebung reden, eure jungen Männer werden Visionen haben und die alten Männer bedeutungsvolle Träume.“
Apostelgeschichte 2,16–17

In diesen letzten Tagen leben wir. Wir sind erfüllt vom Geist Gottes, und wir leben auf dieser Erde für eine relativ kurze Zeit, um den Willen, das Werk und die Wunder Gottes zu verwirklichen. Und warum sollten wir das tun? „Wer dann meinen Namen anruft, wird gerettet werden!“ (Joel 3,5)

Unser kreativer Gott hat eine unendliche Anzahl von kreativen Plänen, um sich durch uns, die wir sein Ebenbild sind, bekannt zu machen. Also schickte er seinen Geist, um einzigartigen Menschen einzigartige Visionen zu schenken, um die Welt auf einzigartige und schöne Art und Weise zu erreichen.

Und Gottes Geist hat auch Träume für dich.

Er hat dir eine Fülle von Begabungen, Ressourcen, Menschen und Visionen gegeben, um seine Träume für dich zu verwirklichen. Wenn du das bis jetzt noch nicht so fühlst: Einmal wirst du es fühlen.

Was wäre, wenn?

Was wäre, wenn die Dinge, die du liebst, mit den Plänen zusammenträfen, die Gott seit der Erschaffung der Erde für dich bereithält?

Was wäre, wenn scheinbar zufällige Beziehungen und Aktivitäten in deinem Leben plötzlich eine Richtung erkennen ließen und sich gewollt und bedeutungsvoll anfühlten?

Was wäre, wenn die Dinge, die dich im Leben am meisten verletzt haben, die Geburtsorte deiner tiefsten Leidenschaften wären?

Was wäre, wenn du deine Ängste und Unsicherheiten überwinden und den Rest deines Lebens damit verbringen könntest, mit vollem Einsatz die Bestimmung für dein Leben umzusetzen?

Das beige Sofa im Wohnzimmer ist unfassbar schmutzig durch Flecken aus mehr als einem Jahrzehnt eines schönen, chaotischen Lebens. Aus einem ruhig schlafenden Baby sind vier große Kinder geworden, und meine Tage sind nun übervoll. Ausgefüllt mit Leben. Aber noch immer spüre ich hin und wieder … dieses Flüstern, dass es doch noch mehr gibt. Nicht, weil das, was ich tue, nicht wichtig wäre, sondern weil ich so selten glaube, dass es so ist.

Möge dies der Ort sein, wo deine rastlose Seele Gott trifft, und wo schmutzige beige Sofas schön werden; und möge sich von nun an kein Leben und keine Minute und kein Atemzug jemals wieder klein anfühlen.

KAPITEL 2

VERWIRRTE LEBENSFÄDEN

An diesem Tag fühlte ich mich ungewohnt leer und war nicht in der Stimmung, meinen Vortrag mit einer lustigen Anekdote zu beginnen, um die Spannung aufzulösen. Mit Notizen in der Hand und 50 Frauen, die mich anstarrten, in der Erwartung, eine typische Gemeindefreizeit mitten im Nirgendwo in Texas zu erleben, hielt ich inne. Und in dieser Stille sah ich denselben Blick in ihren Augen, von dem ich wusste, dass ich ihn auch hatte.

> Ich saß in einem Raum voller Frauen, die verletzt waren, Zweifel hatten, sich abgestumpft fühlten, müde und unsicher waren; und ihre Referentin fühlte genau das gleiche.

Was sollte ich tun, einfach dem Skript folgen? Ich saß in einem Raum voller Frauen, die verletzt waren, Zweifel hatten, sich abgestumpft fühlten, müde und unsicher waren; und ihre Referentin fühlte genau das gleiche. Was sollte nun geschehen?

Ich legte meine Notizen beiseite.

Plötzlich hatte ich den Gedanken, dass wir mit großer Sicherheit nie wieder auf dieser Seite des Himmels in einem Raum zusammen sein würden; und überwältigt von der vielen Not, die ich vor mir erblickte, begann ich mit diesen Worten:

„Wir werden nur eine kurze Zeit zusammen sein – wie wäre es, wenn wir einfach sofort loslegten? Wenn wir uns wirklich mit unseren Sünden und Verletzungen auseinandersetzten? Wenn wir darum kämpften, Gott hier zu finden? Und dann lasst uns gemeinsam davon träumen, wie wir während der wenigen Jahre auf dieser Erde anderen Menschen Gott zeigen können."

Und ich bin mir ziemlich sicher, dass jede, die mich ansah, nun dachte: *Ist das dein Ernst? Wo bleibt dieses Mal die lustige Geschichte?*

Aber dann geschah etwas. Gottes Geist strömte herein, und während die Frauen mit ihren Augen den Saal absuchten und hofften, sie befänden sich in einem sicheren Raum, begannen sie langsam damit, Sätze fallen zu lassen wie diese:

„Ehrlich gesagt ist mir Gott ziemlich egal."

„Ich glaube nicht, dass ich für Gott wichtig bin."

„Ich habe Angst davor, was die Leute denken könnten."

„Ich wünsche mir ein bequemes Leben."

„Mein Mann wird da nicht mitmachen."

„Ich glaube, das wird mir nicht gelingen."

„Ich habe nichts, was ich Gott geben könnte."

„Ich glaube nicht, dass mein Leben wirklich so wichtig ist."

Nachdem alle diese Sätze ausgesprochen waren und bildlich gesprochen wie ein riesiges Durcheinander vor uns auf dem Boden lagen, blickte ich durch den Raum und sah auf einmal etwas aufblitzen: einen kleinen Funken, eine mögliche Hoffnung in ihren Augen.

Und mir kam der Gedanke: Diese Aussagen können nicht von Gott kommen.

Die Sorgen, die jede der Frauen noch Augenblicke zuvor aufgefressen hatten, starrten sie an und sahen dabei jämmerlich absurd aus. Und wir erkannten, dass in diesem Raum starke, mit Ressourcen ausgestattete, erlöste Menschen versammelt waren, von Gott erfüllt, in deren Leben Lügen und Ängste nun keinen Raum mehr hatten.

Konnte es sein, dass das Leben mehr zu bieten hatte als das?

Wir alle waren sicher, dass dem so war, und nachdem wir alle unsere Ketten abgeworfen hatten, konnten wir beinahe schmecken, was uns gefehlt hatte. Wir erinnerten uns daran, wie es sich anfühlt, mit Hingabe durchs Leben zu gehen und eine Vision zu haben, und wie sich Träumen und Freiheit anfühlen.

Musst du dir auch in Erinnerung rufen, dass es in deinem Leben noch mehr gibt?

Wie man frei wird?

Wie sich Bestimmung anfühlt?

Wie sich Freiheit anfühlt?

Manche von uns haben die Wände ihres Gefängnisses so schön dekoriert, dass sie ganz vergessen haben, dass sie in einer Zelle sitzen und ihr Leben vergeuden. Sie wissen nicht, dass es Ketten gibt, die sie zwar nicht länger fesseln, aber dennoch zu umschlingen scheinen. Sie sitzen da und hören Vorträge oder lesen Bücher über Gott und fragen sich, warum sich nichts verändert, obwohl sie sich dies so verzweifelt wünschen.

Wo Geschichten entstehen

Als ich zum ersten Mal den Film *Batman Begins* sah, knuffte ich meinen Mann ständig in den Arm, weil ich fast aus der Haut fuhr. Ich war so bewegt, so inspiriert. Der junge Bruce Wayne muss mitansehen, wie seine Eltern erschossen werden; und das nächste Jahrzehnt seines Lebens verbringt er auf der Suche nach Rache, während er die Welt als rastlose, unzufriedene, verlorene Seele durchwandert und dabei Verbrechen begeht. Bruce ist unglaublich wohlhabend, gut ausgebildet und begabt, aber er hat nichts, wofür er lebt – keine Ausrichtung, keinen Antrieb, nur den Schmerz.

Ich vergleiche sein Leben mit einem Bündel loser Fäden: Sein Schmerz, sein Reichtum, sein Potenzial, seine Ausbildung, seine Begabungen, das Schicksal seiner Stadt – alles wird vom Wind umhergeweht, während er versucht, seinem Schmerz zu entfliehen. Er würde diese Fäden gerne durchschneiden, denn sie haben scheinbar weder Sinn noch Ordnung; sie scheinen ihn nur zu umschlingen, und ganz sicher geben sie ihm keine Kraft.

Wenn ich in die Augen der meisten Menschen schaue, sehe ich ein Leben wie das seine. Sie haben alle einen ähnlichen Blick – hungrig, verwirrt, etwas unsicher. Aber man kann in anderen nur das erblicken, was man selbst schon gekostet hat.

Irgendwo im Chaos von Batmans Suche beginnen die Fäden sich zu entwirren und sich zu etwas Neuem zusammenzuweben – möglicherweise zu etwas Großem. Bruce kann dem riesigen Schmerz und der Not, die ihn in seiner Heimatstadt Gotham City umgibt, nicht entfliehen, also verbinden sich die Fäden seines Lebens irgendwie und rüsten ihn, trotz seines Widerstrebens und Leids, mit dem aus, was er braucht, um dieser großen Not zu begegnen. Die Not findet ihn. Ironischerweise wird seine Bestimmung aus denselben Fäden zusammengewebt, die ihn zu umschlingen schienen.

Du hast Fäden deines Lebens, die um dich herum wehen, dir möglicherweise sogar die Luft abschnüren – Fäden, die zusammengebunden werden sollen, damit sie zu deinem einzigartigen, gottgegebenen Beitrag für eine Welt in großer Not werden.

Aus Bruce Waynes tiefstem Unglück, Schmerz und seiner Angst heraus wird Batman geboren.

Jeder von uns trägt eine Version genau dieser Geschichte in sich. Manche von euch denken: *Klar, Jennie, ganz sicher denke ich mir ständig: „Batman und ich haben ja so viel gemeinsam.“*

Dem Rest von euch möchte ich sagen, dass sich alle unsere Geschichten in Folgendem ähneln:

Du hast Fäden deines Lebens, die um dich herum wehen, dir möglicherweise sogar die Luft abschnüren – Fäden, die zusammengebunden werden sollen, damit sie zu deinem einzigartigen, gottgegebenen Beitrag für eine Welt in großer Not werden. Und nicht nur für eine Welt in Not, denn unsere Seele wurde dafür geschaffen, ihr Zuhause in Gott zu finden.

Die Sehnsucht nach Bestimmung

Kein einziger Sinn in deinem Leben wird deine Seele erfüllen. Das Einzige, was deine Seele wirklich erfüllen und zur Ruhe kommen lassen wird, ist Gott selbst.

Ich schreibe dies, während ich bis zum Hals in etwas stecke, was manche für eine große Bestimmung halten würden. Zac und ich laufen mit vollem Einsatz auf Gott zu und tun unser Bestes, die Werke für ihn zu tun, die er uns über den Weg schickt. Wir tun unser Bestes, unsere Kinder zu Menschen zu erziehen, die Gott lieben, und nicht zu kleinen Tyrannen. Zac leitet eine Gemeinde voll von Menschen mit Verletzungen, und er verbringt den Großteil seiner Zeit damit, anderen in die Augen zu blicken und sich ihre Nöte anzuhören. Ich schreibe und spreche von den Dingen, die Gott mir gegeben hat, damit ich sie anderen weitergebe. An manchen Tagen scheinen sich unsere Fäden zu etwas Nützlichem zu vermischen. Nie im Leben habe ich mehr Frieden und Freude gespürt als jetzt, und doch ist mein Leben noch nie schwieriger gewesen.

Heute kämpfe ich zum Beispiel gegen den inneren Wunsch an, meine Arbeit einfach niederzulegen, mich wieder ins Bett zu verkriechen und so zu leben, als ob das, was ich tue, nicht wirklich wichtig sei. Ich fühle mich noch immer rastlos. Es fällt mir nicht immer leicht, mit Gott schrittzuhalten, und auch mit meinen Sünden habe ich immer noch zu kämpfen.

So ist es, wie ich mich heute *fühle*. Aber jetzt lass mich dir auch noch sagen, was ich *weiß*:

Unseren Gott gibt es wirklich.

Unser Gott kommt.

Unser Gott hat Pläne für uns.

Unser Leben ist kurz.

Wir müssen aktiv werden.

Denn der Himmel kommt schnell.

Und das, was wir hier zu erledigen haben, ist dringend.

Es ist dringender, als wir uns jemals vorstellen könnten. Wir haben eine kleine Rolle in der wunderbaren Geschichte eines Gottes zu spielen, der das ganze Universum mit einem Wort in Gang gesetzt hat.

Wenn wir nun in uns selbst ein Bedürfnis entdecken, das durch nichts in dieser Welt gestillt werden kann, dann können wir daraus doch schließen, dass wir für eine andere Welt erschaffen wurden. C. S. Lewis

Finde für dich heraus, was es heißt, Gott nachzulaufen. Wirf das ab, was dich zurückhält. Finde heraus, was du zu seiner Geschichte beitragen sollst, und dann tu es. Das ist es, was wir hier während unserer gemeinsamen Reise machen werden. Und wenn auch nur zehn von uns das machen, hat es sich bereits gelohnt. Unsere Generation könnte auf dieser Erde Spuren hinterlassen und ihr den Stempel eines Gottes aufdrücken, von dem wir alle wissen, dass er es wert ist.

Wir können schon jetzt große Freude erleben und einer Vision folgen.

Wir neigen dazu zu denken, dass wir letztendlich zufrieden sein werden, wenn wir die perfekte Vision für unser Leben gefunden haben. Hör mir zu: Wir können schon jetzt große Freude erleben und einer Vision folgen, und zwar weil Gott uns dies in der Gestalt von Jesus Christus geschenkt hat. Alles, worüber wir reden werden, ist nur eine Antwort an unseren Gott.

Ob wir wichtig sind, hängt nicht von irgendwelchen herausragenden Leistungen ab. Wir sind wichtig, weil wir Kinder des lebendigen Gottes sind, der über das Universum herrscht. Wir sind wichtig, weil wir erkauft wurden mit dem Blut seines Sohnes. Er hat uns an unseren Ort und in diese Zeit gesetzt. Er hat unsere Tage und die Haare auf unserem Haupt gezählt. Und wir sind wichtig, weil er sagt, dass wir wichtig sind.

In diesem Buch geht es nicht darum, plötzlich einen geheimnisvollen Weg zu finden, wie man wichtig werden kann; es geht darum zu erkennen, dass man bereits wichtig ist. Und daher darfst du den tiefen Wunsch haben, deinen wenigen Tagen auf dieser Erde eine Bedeutung im Lichte all dessen zu geben, was als Kinder eines solchen Gottes vor uns liegt.

• • •

Ich habe viele Jahre meines Lebens vergeudet. Seit meiner Kindheit bestimmte mich die krankmachende Jagd nach der Anerkennung anderer Menschen, die ich jedoch nie erhielt. Und so habe ich den Großteil meines Lebens dafür eingesetzt, von anderen gemocht zu werden. Gott allein war nie genug für mich.

Das ist nichts, worauf ich stolz sein könnte. Es ist mir vielmehr peinlich; und es tut mir leid, weil du wahrscheinlich sehr gehofft hast, du würdest das Buch einer Heiligen in Händen halten. Nein, du hältst das Buch einer Sünderin in Händen – einer wohl schlimmeren Sünderin als du. Aber es kann auch gut möglich sein, dass auch dein Leben nicht immer für andere als edles Beispiel dienen kann, und vielleicht hast auch du dein bisheriges Leben vergeudet für … irgendetwas.

Aber was wäre, wenn wir damit einfach aufhören würden? Wenn wir aufwachen würden? Wir bauen Häuser auf Sand, während direkt neben uns ein enormer, fester, unbeweglicher Fels steht. Deshalb werde ich meine Arbeit heute nicht niederlegen und mich nicht wieder ins Bett verkriechen, sondern werde dranbleiben und dir diese Worte schreiben. Weil ich jahrelang dem nicht zu erhaschenden Wind hinterhergelaufen bin und Häuser auf Sand gebaut habe, bis ich schließlich erkannte, dass der Wind nie aufhört, uns zu entfliehen, und Sand nie aufhört, sich zu verlagern.

Nachdem ich als Kind zwar mit dem Glauben aufgewachsen war, dass es Gott gibt, aber nie wirklich geglaubt hatte, dass ich ihn bräuchte, stand ich im Alter von siebzehn Jahren im Sommercamp in Kanakuk vor drei Kreuzen. Ich sah zu ihnen auf und dachte über meine eigenen Verfehlungen nach, die mir bis zu diesem Moment immer recht gering vorgekommen waren.

Ich sah die Kreuze an und diesen Jesus, von dem ich mein ganzes Leben lang gehört hatte; und mir wurde klar, dass auch ich ihn dort aufgehängt hatte. Ich selbst hatte das getan mit meinem Herzen, das Menschen mehr liebte als Gott – mit meinem Herzen, das schwarz war durch all die Denkmäler, die ich für meinen guten Ruf gebaut hatte. Mir war es immer nur um meinen Stolz und um mich selbst gegangen. Davon war ich wie von unsichtbaren Ketten völlig gefesselt gewesen.

Ich erkannte meine Sünde, und Gott rettete meine Seele. Und nun kämpfen wir alle, die wir Gott lieben, gemeinsam darum, selbst frei zu bleiben und die Menschen um uns herum zu befreien, weil es einen Gott gibt, der uns nie entflieht und sich nie verändert. Denn wohin ich auch gehe, erblicke ich in den Augen der Menschen einen ähnlichen Schmerz wie den, den ich hatte.

Gibt es Gott wirklich?

Bin ich wichtig?

Gibt es mehr als das hier?

Ist es das alles wert?

Ja, auf jeden Fall!

KAPITEL 3

STERBEN, UM ZU LEBEN

Meine Freunde und ich haben ein geheimes Hobby. Wir schauen ab und zu bei Treffen von Al-Anon rein, einer Selbsthilfegruppe für Angehörige von Alkoholikern, obwohl wir selbst keine alkoholkranken Angehörigen haben. Aber ich kann euch sagen, dass es dort eine geheime Quelle des Lebens gibt. Echte Not, die den Deckmantel des schönen Scheins verloren hat. Es fühlt sich wie Gemeinde an, oder wie Gemeinde sich anfühlen sollte. Bevor du jetzt schon voreingenommen bist, hör mir bitte erst einmal weiter zu. Wir gehen dorthin, weil bei uns allen im Leben etwas geschieht, das wir nicht kontrollieren können. Wir gehen nicht dahin, weil Al-Anon uns die Wahrheit sagt – sondern weil Al-Anon uns die Wahrheit zeigt.

Wir hören einer hübschen Mutter zu, die sich in den Fallstricken des Lebens verheddert hat und versucht, ihren abhängigen, gewalttätigen erwachsenen Sohn unter Kontrolle zu halten, während sie zu glauben scheint, sie sei schuld an seiner Situation und es gäbe sicherlich eine Lösung – einen Weg –, ihn zu ändern. Keiner spricht, aber allen denken das Gleiche – wie eine Melodie, die einem nicht mehr aus dem Kopf gehen will: Lass los. Lass los. Lass los.

Wir bleiben still, hören zu und erinnern uns an das, was wir alle in unserem Verstand seit unserer ersten Begegnung mit den Worten Jesu im Kindergottesdienst akzeptiert haben: „Ich sage euch die Wahrheit: Ein Weizenkorn, das nicht in den Boden kommt und stirbt, bleibt ein einzelnes Korn. In der Erde aber keimt es und bringt viel Frucht, obwohl es selbst dabei stirbt. Wer an seinem Leben festhält, wird es verlieren. Wer aber sein Leben in dieser Welt loslässt, wird es für alle Ewigkeit gewinnen" (Johannes 12,24–25).

Ein Samenkorn kommt aus lebendigem Fruchtfleisch. Aber es wird nie mehr sein als ein hartes Ärgernis, das uns zwischen den Zähnen stecken bleibt, wenn es nicht in der Erde vergraben wird. Und auch dann, in der Dunkelheit, ist es umgeben von einer dicken Schale – tot und hart. Aber unter dem ganzen Dreck wird irgendwann Fleisch aus etwas scheinbar Leblosem geboren. Es bricht durch und drängt an die Oberfläche; es bewegt sich und wächst nach oben, heraus aus etwas, das tot war. Jetzt ist es lebendig – jetzt bringt es Leben hervor.

Aber die Art von Leben, die ich mir so sehr wünsche, liegt auf der anderen Seite des Todes.

Im Streben einer müden Mutter sehen wir, was Tausende von Predigten mir zuflüstern und dennoch nicht in mir verändern: Ich kann nicht loslassen, weil es einen kleinen Tod erfordert. Ich weiß, dass mein fester werdender Griff die Dinge erwürgt, die ich in Händen halte, aber ich habe Angst vor dem Stich, den dieser kleine Tod verursachen wird.

Aber die Art von Leben, die ich mir so sehr wünsche, liegt auf der anderen Seite des Todes.

Ich habe nie die Hoffnung gespürt, die darin liegt, bis mein Herz vollkommen ihm gehörte. Deshalb müssen wir, bevor wir zu träumen anfangen, eine Grundlage schaffen: Hingabe.

Wir werden hier Gottes Träume träumen. Vielleicht hast du, während du dieses Buch liest, eine Vorstellung davon, wovon du gerne träumen würdest – eine kleine eigene Firma vielleicht, oder du hast sogar das hehre Ziel, die Welt zu retten. Dazu werden wir später noch kommen. Aber wie Bill Bright, der Gründer der Missionsgesellschaft *Campus für Christus*, immer sagte: „Ohne Hingabe gibt es keine Vision."[1] Und im Buch der Sprüche steht: „Ohne Gottes Weisung verwildert ein Volk; doch es blüht auf, wenn es Gottes Gesetz befolgt“ (Sprüche 29,18). In der englischen King-James-Übersetzung steht hier statt Gottes Weisung das Wort *vision* – Vision.

Wir sehnen uns nach Weisung und einer Vision von Gott. In meinem Buch *Alles. Wie ein kleines Gebet mein Leben radikal veränderte* habe ich darüber geschrieben, wie Zac und ich ein Gebet der Hingabe an Gott gebetet haben. Das ist keine einfache Sache und kein einfaches Leben. Vielmehr kostet es uns alles. Wir vertrauen jeden Traum für unser Leben – jede Hoffnung, jeden Rest Kontrolle, den wir zu haben glauben – Gott an; und wir sagen: „Hier hast du alles. Du hast mich. Ich bin dein. Du kannst alles mit mir tun, was du willst. Alles. Ich bin dabei.“

Hingabe und loslassen können sehr beängstigend sein, aber bevor wir unserem Leben eine andere Richtung geben, ist es absolut notwendig. Wir wurden für einen enormen Preis erkauft, und es sind nicht länger wir, die leben, sondern Christus, der in uns lebt[2]. Wenn wir also nicht damit anfangen, uns Gott ganz hinzugeben, ist es unvermeidlich, dass unsere Träume von Eitelkeit und unserem Ego bestimmt werden und von dem Wunsch, alles unter Kontrolle zu behalten.

Das Beängstigendste und zugleich Sicherste, was ich jemals getan habe, war, dieses Gebet zu beten – die völlige Kontrolle über mein Leben und meine Träume meinem Gott zu übergeben. Wir alle haben Hoffnungen im Hinblick darauf, wie unser Leben sich weiterentwickeln wird, und wir alle haben Angst davor, dass Gott eigentlich etwas ganz anderes mit uns vorhaben könnte – dass er uns vielleicht mit einer Steinschleuder nach Afrika schießen oder, noch schlimmer, uns auffordern könnte, mit unserem Nachbarn oder Kollegen über Christus zu reden. Wir haben Angst davor, dass Gottes Träume vielleicht nicht so cool sein könnten wie jene, die wir gedanklich für uns selbst geschaffen haben.

Diejenigen unter uns, die bereits von Gott errettet sind, haben eine große Aufgabe erhalten: Wir sollen Gott kennenlernen und ihn in der Welt bekanntmachen. Unsere Träume sind aus diesem Grund nicht unabhängig von Gott, sondern er ist es, der unsere Träume baut. Wir bringen unsere leeren Leinwände zu Gott, vertrauen sie ihm an und sagen: „Was auch immer du erschaffen musst, um der Welt deine Ehre zu zeigen – tu es."

Diese Worte rauben mir den Atem, denn seit diesem Gebet hat es Tage gegeben, an denen wir wirklich das Gefühl hatten, von Gottes Steinschleuder abgeschossen zu werden. Seit wir dieses Gebet gebetet haben, hat sich unser Leben grundlegend verändert; aber die beängstigendsten Momente, die völlig außerhalb unserer Kontrolle zu sein schienen, wurden zu den schönsten Teilen unseres Lebens. Von der Adoption unseres Sohnes aus Ruanda hin zu beruflichen Veränderungen und vorsichtigen Versuchen, zerstörte Beziehungen wiederherzustellen – jeder Akt des Gehorsams fühlte sich an wie ein kleiner Tod. Aber jeder von ihnen hat uns schließlich auch Leben eingehaucht, auf eine Art und Weise, die wir uns nicht hätten vorstellen können.

> Aber wenn du nicht mit vollem Einsatz dabei bist, wirst du nur deine eigenen unzureichenden und kleinen Träume träumen können. Denn erst, wenn wir loslassen, sind wir wirklich frei.

Ich bitte dich nicht, dich einfach so locker in einem Gebet Gott anzuvertrauen. Stattdessen beginne diesen Prozess so, wie jeder Schöpfer eines Kunstwerks beginnt: mit einer leeren Leinwand, in der Hoffnung, dass irgendetwas Schönes entstehen wird. Doch ich muss dir sagen, dass es in unserem Leben auch Tage gegeben hat, an denen ich Gott Bilder malen sah, bei denen ich alles dafür gegeben hätte, sie mit meinen eigenen Pinselstrichen übermalen zu können. Aber wir können nicht wissen, wie das Bild am Ende einmal aussehen wird. Wie jeder große Künstler müssen wir offen sein für das Mysterium der Inspiration: Gott, der etwas durch uns erschafft.

Eine der grundlegendsten menschlichen Fragen, die wir alle stellen, lautet: „Was ist Gottes Wille für mein Leben?"

Die gute Nachricht ist, dass die Beantwortung dieser Frage viel Spaß machen wird, wenn du dich ganz Gott anvertraut hast. Aber wenn du nicht mit vollem Einsatz dabei bist, wirst du nur deine eigenen unzureichenden und kleinen Träume träumen können. Denn erst, wenn wir loslassen, sind wir wirklich frei.

Die Frage „Was nun?“ erinnert mich an meinen eigenen Kampf ums Loslassen und daran, wie Gott sofort auf den Plan trat, als ich es schließlich tat.

Hierzu könnt ihr aus meinem Buch *Alles. Wie ein kleines Gebet mein Leben radikal veränderte* lesen, was mich damals bewegte:

Fast mein ganzes Leben lang hatte ich gehofft, dass Gott irgendwann so deutlich zu mir reden würde wie zu Maria. Ich hatte mir unzählige Predigten angehört und Bücher gelesen, die davon handelten, wie man den Willen Gottes erkennen kann. Doch es war nur ein kurzes, aufrichtiges Gebet nötig gewesen, und schon war Gott wie aus dem Nichts aufgetaucht, als ob er all die Jahre nur darauf gewartet hätte, dass ich diese wenigen Worte aussprach. Und während ich in den nächsten Tagen diese Erfahrung verarbeitete, ließ Gott einige Bibeltexte lebendig werden, die ich zuvor schon hundertmal gelesen hatte.

Er sagte zu mir: Jennie, du hörst mich jetzt so laut und deutlich, denn: „Ich bin Jahwe, das ist mein Name; ich überlasse die Ehre, die mir gebührt, keinem anderen, meinen Ruhm nicht den Götzen“ (Jesaja 42,8; EÜ). Bisher hast du nämlich genau das gewollt: dass ich die Ehre, die mir zusteht, anderen Dingen oder Menschen abtrete.

Aber weißt du: „Niemand kann zwei Herren gleichzeitig dienen. Wer dem einen richtig dienen will, wird sich um die Wünsche des anderen nicht kümmern können. Er wird sich für den einen einsetzen und den anderen vernachlässigen“ (Lukas 16,13).

Darum habe ich gewartet, bis es für dich nichts anderes mehr gab als mich. So wie bei Marta, die ich während meiner Zeit auf dieser Erde besucht habe. Sie hat sich um so vieles gesorgt und sich so viel Mühe gemacht, obwohl nur eines wirklich wichtig war. Maria hat sich damals für dieses eine entschieden, und das konnte ihr niemand mehr nehmen (vgl. Lukas 10,41–42). Für Maria hatte ich oberste Priorität –

es gab nichts anderes, was ihr so wichtig gewesen wäre. Nichts außer mir zählte.

Als der reiche junge Mann mir nachfolgen wollte, obwohl er nicht bereit war, alles für mich aufzugeben, musste ich ihm erst klarmachen, woran sein Herz wirklich hing. Deshalb sagte ich zu ihm: „Etwas fehlt dir noch: Geh, verkaufe alles, was du hast, und gib das Geld den Armen. Damit wirst du im Himmel einen Reichtum gewinnen, der niemals verloren geht. Und dann komm und folge mir nach" (Markus 10,21).

Doch dazu war er nicht bereit. Er ist traurig weggegangen und hat sich für dieses irdische Leben entschieden. Wie du siehst, gebe ich mich nicht mit dem zweiten Platz zufrieden.

Ich habe die ganze Zeit auf dich gewartet, Jennie, und dich immer wieder gerufen. Aber ich musste warten, bis du begreifst, dass du immer noch einem anderen Herrn dienst, auch wenn du dich mir anvertrauen wolltest. Dein Herz war geteilt. Vieles andere war dir wichtiger als ich. Aber ich überlasse die Ehre, die mir gebührt, keinem Götzen. Ich musste erst dein Ein und Alles werden.

Und jetzt … werde ich noch öfter zu dir reden.[3]

Ich möchte dich gerne in meine Realität mitnehmen. Während ich dir heute schreibe, sitze ich am Krankenhausbett meiner besten Freundin. Meine engste Freundin in Austin hat den letzten Monat auf der Intensivstation verbracht. Wir alle warten darauf zu erfahren, ob Gott ihr Leben verschonen oder ob er sie zu sich nach Hause holen wird. Es ist unvorstellbar … sie hat drei hübsche, kleine Kinder und steckt mitten in einer schwierigen Scheidung. Dieses Projekt findet also in einer dunklen Zeit für mich statt. Ich sehne mich nach Trost in diesem Leben, vielleicht mehr als jemals zuvor. Wenn du dich also zu erschöpfst fühlst, um zu träumen – wenn du dich zu leer fühlst, um etwas zu geben –, bist du damit in guter Gesellschaft. Aber die Sehnsucht nach einem „einfachen" Leben wird begleitet von einem Flüstern von größeren Dingen. Neben diesem

Krankenhausbett fühlt es sich irgendwie unmöglich an, irgendwelche triviale Worte zu schreiben.

Sarah hatte in den vergangenen Tagen mehrere massive Schlaganfälle.

Wird sie leben?

Und wenn sie leben wird, wird sie jemals wieder so sein wie zuvor?

Das sind die Gedanken, mit denen meine Seele heute mit Gott ringt:

Heute warten wir, während in unserem Kopf Ängste toben – Ängste, die wir nicht auszusprechen wagen.

Gott, das Böse verneigt sich vor dir, und dennoch scheint es uns zu überfluten. Und diese Dunkelheit krümmt sich, um irgendwie deine Ehre widerzuspiegeln, doch ach, der Preis fühlt sich so hoch an.

Mehrmals am Tag gehe ich durch die Eingangstüren des Krankenhauses. Ich gehe an einer kleinen Plastik vorbei, die ich die vielen Male, in denen ich Mütter mit ihren gesunden Babys besucht habe, nicht wahrgenommen habe. Es ist ein Abbild von dir. Du hängst an einem Kreuz, festgehalten von Nägeln.

Wir blicken weiter auf die Dunkelheit, und es fühlt sich so an, als seist du hier gescheitert.

Vielleicht hast du vergessen, dass sie ein zweijähriges Kind hat, das sich nicht an sie erinnern wird. Du hast vergessen, dass sie für ihre Kinder die beste Mutter ist, die von ihnen verehrt und gebraucht wird. Du hast vergessen, dass sie schon genug gelitten hat und sich mit jedem Atemzug auf dich verlässt. Du hast vergessen, dass sie uns mehr zum Lachen bringt als jeder andere unserer Freunde. Du hast vergessen, dass die Anzahl der Menschen, die sie lieben, so groß ist, dass diese nicht alle in ein Wartezimmer passen würden.

Oder sind wir es, die vergessen haben?

Vielleicht haben wir vergessen, dass wir Tage sehen und du Zeitalter. Wir sehen einen Freund, und du siehst dein Kind. Wir sehen Krankheit und Tod, und du siehst unser niemals endendes, unvorstellbares zukünftiges Leben. Wir sehen ein Wartezimmer voller trauernder Menschen, und du siehst Sarah und mich in zehntausend Jahren, lachend und herumalbernd an deinem Tisch. Wir sehen drei Kinder ohne ihre Mama, und du hältst ihre Seele in der Hand und siehst einen Weg, in ihr Innerstes zu gelangen.

Du wirst immer Gott sein, ob wir es mögen oder nicht. Du wirst entscheiden, wie die Geschichte weitergeht, und wir können uns nur dir zu Füßen werfen und zu dir flehen. Und wenn ich den Eindruck habe, du würdest vergessen …

Ich laufe an dem Kreuz vorbei, und du rufst mir von dort aus zu: „Nichts habe ich vergessen. Und ich bin auch nicht untätig, was dieses Problem angeht. Ich kümmere mich. Ich kümmere mich um diese Krankheit und um Schmerz und Tod. Ich vergesse nicht. Ich blute dafür aus.

Wenn du also an mir, an diesem Kreuz, vorbeigehst, Jennie, in einen Raum, wo alles außer Kontrolle zu sein scheint und der voller Leid ist, dann sieh nicht einen schwachen, entfernten, vergessenden Gott.

Du siehst einen Gott, der den Ozeanen ihre Grenzen aufweist, und der auch dem Bösen seine Grenzen aufweist. Du siehst einen Gott, der für jene ausblutet, um derentwillen du leidest. Du siehst einen Gott, der zuerst gelitten hat.

Ich BIN bei dir.

Und ich habe hier einen Plan."[4]

Hör mir zu: Was auch immer er mit unserem Leben tut, Gott ist gut und kämpft auf die nobelste aller Arten für uns; er gab das Leben seines Sohnes hin, um uns zurückzugewinnen. Kann es sein, dass er unser Leben auch mal eine schwierige Entwicklung nehmen lässt? Ja. Aber er ist der Gott der Planeten und meiner Seele. Er gab alles für uns. Also werde ich mein ganzes Leben niemand anderem anvertrauen.

Wir geben uns einem Gott hin, der alles für uns gab.

Dies ist die Freude, die wir vor Augen haben und die wir schon jetzt erleben können: eine Verbindung zum Gott des Universums, der uns mit Begeisterung von uns selbst und für ihn errettet hat. Ich vertraue ihm. Er kam vom Himmel herab, um uns für sich zu gewinnen. Er ist unserer Hingabe würdig. Wie verrückt ist es da, wenn ich meine eigene Geschichte malen möchte.

Große Dinge werden nicht von großen Leuten getan – Gott tut große Dinge durch Menschen, die sich ihm hingegeben haben. Und weil ich doch nur wenige Jahrzehnte hier auf dieser Erde verbringe, ist es doch nur logisch, dass ich alles Vergängliche lieber für irgendetwas verliere, das von Dauer ist.

Große Dinge werden nicht von großen Leuten getan – Gott tut große Dinge durch Menschen, die sich ihm hingegeben haben.

Wir machen einen guten Tausch:

Unser kurzes Leben gegen die Ewigkeit.

Unseren beweglichen Sand gegen den Felsen eines Gottes, der uns über alles liebt.

Unsere Ketten gegen ein Leben in Freiheit.

Und während ich meine beste Freundin ansehe, frage ich mich: Wie können wir jetzt nur träumen? Ich frage mich, wie wir auf dieser Reise weiterziehen können, wenn sie es nicht kann, und wie wir diesen Luxus hier genießen können, wenn sie sich nicht bewegen oder sprechen kann.

Aber dann blitzt in meinem Kopf erneut der Gedanke an unsere nächsten zehntausend Jahre auf, und mir wird klar, dass ich die falschen Fragen stelle.

So sehr, wie ich mir wünsche, in diesem Moment einen Cocktail irgendwo am Meer zu genießen, möchte ich keine einzige Minute meines Lebens vergeuden.

Wir fangen an zu träumen – ich mit meinem funktionierenden Geist, meinen tippenden

Fingern, meinem beweglichen Körper und meinem Leben, das genauso zerbrechlich ist wie Sarahs. Wir fangen an, unser Leben so zu leben, dass es dieser so großartigen Berufung würdig ist. So sehr, wie ich mir wünsche, in diesem Moment einen Cocktail irgendwo am Meer zu genießen, möchte ich keine einzige Minute meines Lebens vergeuden.

Denn wenn Sarah uns nun verlassen sollte, um zu Jesus zu gehen, und ich ihr in ein paar Jahrzehnten folgen werde, wird es sich anfühlen, als wären wir alle nur einen kurzen Moment hier gewesen.

Kannst du also beten: „Gott, hier hast du alles – hier hast du mich"? Wenn ja, dann wirst du über das staunen, was kommen wird.

KAPITEL 4

DIE ERLAUBNIS ZU TRÄUMEN

Als wir Kinder waren, trug das Wort träumen eine gewisse poetische Magie in sich. Unser Kopf war voller Träume. Wir träumten, dass Geldbäume wirklich Pflanzen seien, die Geld hervorbringen, dass der Beruf des Polizisten der perfekte Beruf war, weil man da mit richtigen Waffen schießen durfte, und dass Feen großes Interesse an Zähnen hatten, mit denen sie irgendwo Schlösser bauten. Und wir konnten es kaum erwarten, uns zu verlieben und einen Jungen zu unserer Hochzeit zu küssen, auf der es fliederfarbene Cupcakes, festliche Kleider und ein Meer von Blumen geben würde.

Auch Gott ist ein Träumer. Aus seinen Träumen erschuf er Universen und Generationen von Menschen. Und auch uns hat Gott zum Träumen geschaffen.

Das Merriam-Webster-Online-Wörterbuch definiert dream, das englische Wort für Traum, wie folgt:

Ein Ziel oder Zweck, das bzw. den man sehr gerne erfüllen würde. Etwas, das einen Wunsch voll befriedigt. Eine visionäre Schöpfung der Vorstellungskraft.[1]

Zu träumen nimmt dem Leben seine Grenzen und manchmal auch seine Realität und Zerbrochenheit. Aber eines Tages erkennen wir, dass es doch Grenzen hat, und dann betrachten wir das Träumen wieder nur als Zeitvertreib für Kinder. Dann wird unsere

Vorstellungskraft größtenteils nur als Problemlösemechanismus eingesetzt. Denn schließlich werden genügend unserer Träume ohnehin nicht wahr, also hören wir auf, uns weiter mit ihnen zu befassen.

Niemand von uns wird jemals Fantine in der Musicalverfilmung von *Les Misérables* vergessen, deren einstige Träume wie Scherben vor ihr auf dem Boden der Slums lagen. Dieser Moment ist so entehrend, so hoffnungslos. In dem Wissen, dass sie bald sterben wird, singt sie:

Ich träumte, mein Leben würde so anders sein als diese Hölle.
Nun hat das Leben den Traum getötet, den ich träumte.[2]

Aber dieses Lied war nicht das Ende der Geschichte. Es gab Träume, die größer waren als jene, die das Leben getötet hatte.

An manche Kindheitsmomente erinnert man sich mithilfe alter verblasster Fotos, und an manche, weil die Eltern einem immer wieder davon erzählt haben. Aber es gibt auch Augenblicke, an die erinnert man sich, weil sie Momente waren, in denen die Seele einfach eine vollkommene Zufriedenheit spürte.

Ich war neun und es war Heiligabend. Unser Haus war vollgestopft mit Cousins und Cousinen, Tanten und Onkeln. Für gewöhnlich las mein Vater die Weihnachtsgeschichte vor, aber in diesem Jahr nahm er mich beiseite und bat mich, sie zusammen mit meinen Cousins und Cousinen vorzuspielen.

Zwanzig kleine Leute bei so einer Aufgabe ohne Hilfe eines Erwachsenen anzuleiten, hätte eine Neuneinhalbjährige gut überfordern können; aber instinktiv wusste ich, was zu tun war. Ich wusste, wer welche Rolle übernehmen würde, ich wusste, was jeder anziehen und sagen sollte, und es gelang mir, diese Armee von kleinen Kindern zu versammeln und etwas Schönes, Bedeutsames und Lustiges zu erschaffen.

Ich erinnere mich an einen Raum voller Onkel, Tanten und Großeltern, die vor Begeisterung fast durchdrehten, als meine kleine einjährige Schwester mit ihrem Lauflernwägelchen hereingezogen wurde, um die Geburt Jesu anzukündigen – mit einem goldenen Heiligenschein aus Pfeifenputzern und einem von Papas weißen Unterhemden, das das Lauflernwägelchen ganz bedeckte. Durch Bilder und Geschichten wird dieser Augenblick für uns einfach unvergesslich bleiben.

Aber irgendwann war Weihnachten vorbei, ich war noch immer neun, und in unserem Haus war wieder Ruhe eingekehrt. Ich saß ganz allein auf dem Wohnzimmerboden und ließ meine Hände über unseren beigen zotteligen Teppich gleiten. Es gibt keine Bilder oder lustigen Geschichten, die diesen Moment in meiner Erinnerung lebendig halten. Aber ich kann mich noch lebhaft daran erinnern, wie ich auf dem Boden saß und immer und immer wieder das Weihnachtsstück vor meinem inneren Auge ablaufen ließ.

Ich wollte mich einfach noch einmal so zufrieden fühlen – noch einmal eine Vision entwickeln, etwas erschaffen und andere anleiten. Okay, natürlich hatte ich dabei nicht exakt diese Worte im Kopf. Aber mein neunjähriger Geist träumte davon, einmal Regisseurin zu werden und in Hollywood Filme zu drehen. Ich habe noch immer vor Augen, wie ich mit meinen Händen auf dem Teppich saß und mir Kameras, Beleuchtung und mich selbst vorstellte, die gerade eine große Produktion inszenierte.

Ich war neun, und ich träumte nicht davon, eine berühmte oder bedeutende Person zu werden, noch nicht einmal eine wichtige Person. Das war mir alles ziemlich egal. Ich träumte einfach nur davon, wie ich meine Begabungen und mein Leben einsetzen könnte, um etwas zu erschaffen, was größer war als ich.

Wir wurden mit der Fähigkeit zu träumen geschaffen, aber wir haben sie verloren.

Wovon träumtest du als Kind?

Was wolltest du werden, als du noch jung warst?

Wann hast du aufgehört zu träumen?

Ich weiß noch, dass ich nie erwachsen werden wollte. Nie so werden wollte wie meine Eltern. Mit achtzehn war ich voller Leidenschaft für das Leben und schwirrte umher zwischen Jugendherbergen in Europa, spontanen Partys mit Freunden am Lagerfeuer an wahrscheinlich unerlaubten Orten und Praktika in Washington, die sich nicht wirklich bezahlt gemacht haben. Ich träumte davon, die Welt zu verändern; ich glaubte, alles sei möglich, ehrlich gesagt sogar, alles sei kein Problem. Aber irgendwann werden wir alle einmal erwachsen.

Mit dem berüchtigten Bob Goff machte ich zum ersten Mal Bekanntschaft, als er 2012 auf der *Catalyst Conference,* einer Konferenz für Gemeindeleiter, auf der Bühne herumsprang, während im Hintergrund ein Bild mit einem kleinen Jungen zu sehen war, der von Ballons durch die Luft getragen wurde.

Bob hat ein Buch mit einfachen Geschichten über ein Leben geschrieben, das sich auf Liebe und Träume gründet: *Lebe. Liebe. Los!* Er lebt mit einer gewissen Leichtigkeit, und auf dieser Erde ist nichts für ihn unerreichbar. Wenn er sich etwas vorstellen kann, ist es möglich und keine große Sache.

So waren wir alle einmal. Aber wir haben unsere Leichtigkeit verloren. Unsere Träume sind gestorben, und in unserem Streben nach Reife haben wir nicht nur uns selbst verloren, sondern mehr noch, wir haben uns von Gott entfernt.

Wenn Gott uns entgeht

Manchmal fühle ich mich schuldig, weil ich träume. Ist dies nicht selbstsüchtig? Sollten wir unseren Fokus nicht lieber vollständig auf Gott richten, statt narzisstisch zu werden und zu denken, es gäbe „besondere" Dinge, die jeder von uns tun sollte? Sollen wir unseren Fokus tatsächlich einfach nur auf Gott richten?

Es ist auf jeden Fall gut, darüber nachzudenken, weil wir in einer Zeit in der Geschichte der Gemeinde leben, in der wir aus strategischen Gründen ein extrem hohes Maß an Selbstbezogenheit rechtfertigen. Unser Leben dreht sich mehr um unsere kleinen Geschichten als um Gottes Geschichte. Wir sind zu einer Generation geworden, die von dem Wunsch, sich selbst zu verstehen, besessen ist, als ob wir darin die Antworten für unsere rastlose, unglückliche Seele finden würden.

Wir behandeln Gott so, als existiere er *für uns*, statt uns als diejenigen zu sehen, die *für ihn* existieren. Als ob er in unsere Pläne passen müsste, anstelle es als unseren einzigen Plan zu betrachten, ihn besser kennenzulernen und ihm nachzufolgen.

> Wir behandeln Gott so, als existiere er für uns, statt uns als diejenigen zu sehen, die für ihn existieren.

Gott ist groß, aber ebenso gut ist er im Kleinen zu finden. Für Gott ist die Ewigkeit wichtig, und gleichzeitig ist ihm jede Sekunde jedes Menschenlebens wichtig. Ihm dienen wir. Wenn wir uns Gott immer nur als groß vorstellen und denken, ihm gehe es nur um ewige, himmlische Dinge, entgeht uns etwas.

Uns entgeht Jesus.

Uns entgeht, dass Jesus für jeden einzelnen Menschen eine tiefe Liebe empfand und sich seiner individuellen Bedürfnisse annahm. Uns entgeht, auf welch kreative Weise er jedem von uns nachging, solange, bis wir zum Glauben kamen. Uns entgeht seine Vision für seine Gemeinde: ein Leib, viele einzigartige Glieder, die zusammen etwas bewegen können.

Uns entgeht sein Geist.

Nach seiner Himmelfahrt sandte Jesus einen Helfer auf die Erde, der in und durch uns leben, für uns beten, uns mit einzigartigen Begabungen ausrüsten, ermutigen und an unsere Bestimmung hier erinnern sollte. Diese schöne, persönliche Interaktion mit unserem lebendigen Gott entgeht uns, wenn Gott in unseren Gedanken nur der ferne Schöpfer der Planeten bleibt. Jesus versprach, uns sich selbst in einer sehr nützlichen Form zu schenken – eine Form, die in uns eindringen und aus uns herausströmen würde, uns trösten, ausrüsten und daran erinnern würde, dass wir uns auf dem Weg in ein Zuhause befinden, welches besser ist als das, was wir jetzt für ihn riskieren.

Uns entgeht Gottes Kreativität.

Sieh dich mal um. Du siehst anders aus als die Menschen um dich herum. Alles an dir ist anders als bei allen anderen Menschen auf der Erde. Und zwar mit Absicht.

Gott dehnt die Ewigkeit und die Grundfesten der Erde aus, und dann kommt ihm die lustige Idee, auch den Hals einer Giraffe auszudehnen. Er schafft Generationen und Milliarden von interessanten Menschen und nimmt sich dann die Zeit, intime und einzigartige Momente für jeden von ihnen zu schreiben.

Wenn du diese Seite Gottes ignorierst, entgeht dir etwas ganz Zentrales: Er ist dir nachgegangen. Er hat Geschichten für dich geschrieben. Er hat deine Tage gezählt. Er kennt deine Gedanken, bevor du sie denkst, und deine Worte, bevor du sie aussprichst. Wenn du ignorierst, wie sehr er dich liebt, kannst du auch einfach so weitermachen und langsam eingehen und sterben. Ja, Gott ist groß, aber er ist auch im Kleinen zu finden. Es ist Gottes Vielseitigkeit, die ihn so absolut überwältigend macht.

Uns entgeht das Geheimnis Gottes.

Mein Lieblingsprofessor am theologischen Seminar lehrte mich die schmerzlichste und schwierigste Wahrheit über die Nachfolge Gottes: Nimm die Spannung an. Denn wenn du das nicht tust, wirst du irgendwann ein falsches Bild von ihm haben.

> Diese kleine Ermahnung – nimm die Spannung an – lässt mich demütig bleiben, lässt Gott Gott sein und mich ihn ein kleines bisschen besser kennenlernen.

Im Internet sehe ich, wie religiöse Blogger und Theologen verschiedene Werte verteidigen, die ihnen teuer sind. Sie kämpfen mit aller Kraft für das, was sie als absolute

Wahrheit über Gott ansehen. Aber oftmals argumentieren sie so stark für ihre Ansichten (Gott ist so und nicht so), dass sie der Spannung, die die Wahrheit ausmacht, keinerlei Raum lassen.

Auch Menschen lassen sich nicht einfach in Schubladen stecken. Manche meiner Freunde haben mich schon als melancholisch bezeichnet, während andere denken, ich sei übertrieben leidenschaftlich. Aber manchmal trifft das eine, manchmal das andere zu, und beides ist kein Widerspruch. Wenn sich schon Menschen nicht in Schubladen stecken lassen, dann auch Gott ganz sicher nicht.

Zu einer guten Theologie gehört es auch, dass man lernt, Spannungen und Geheimnisse anzunehmen. Nachdem ich mich intensiv mit Gott auseinandergesetzt habe, habe ich noch mehr Fragen als zuvor. Irgendwie ist Gott in seiner heiligen Andersartigkeit:

- der souveräne Herrscher, der uns Entscheidungsfreiheit gegeben hat;
- liebend und gerecht;
- einer, der das Böse hasst, und doch volle Autorität über es hat und gleichzeitig die Existenz des Bösen zulässt;
- ein Gott und doch drei in einem;
- einer, für den die Zeit nicht existiert, und doch hat er bewusst jeden Augenblick der Zeit für uns geplant.

Und damit könnte ich unendlich lange fortfahren.

Wir hassen Spannung. Wir lieben es, eine bestimmte Antwort auf eine Frage zu finden. Aber diese kleine Ermahnung – nimm die Spannung an – lässt mich demütig bleiben, lässt Gott Gott sein und mich ihn ein kleines bisschen besser kennenlernen. Er ist manchmal so unbegreiflich, dass wir in dem, was wir mit unserem kleinen Verständnis von ihm erkannt haben, und dem, was er uns in der Bibel offenbart hat, immer auch etwas Geheimnisvolles sehen sollten. Aber durch sein Wort und seinen Geist wissen wir, dass das, was er uns gegeben hat, für uns genug ist.

„Jesus Christus hat uns in seiner göttlichen Macht alles geschenkt, was wir brauchen, um so zu leben, wie es ihm gefällt“ (2. Petrus 1,3).

Oft suchen wir verzweifelt nach der Erkenntnis, was Gottes Wille für uns sein könnte, und opfern dafür Gottes Willen. Das werden wir hier nicht tun. Lasst uns die Spannung annehmen, wenn wir nach Gottes Willen für uns persönlich suchen und zwar im Rahmen seines Willens, den er uns für diese Erde offenbart hat – für die Ewigkeit und für sein Volk. Wenn Gott zu folgen nicht unsere Leidenschaft wird, werden wir niemals aufhören, nach einer Bestimmung zu suchen.

Was könnte der Grund dafür sein, dass uns seine Pläne für uns entgehen? Ich glaube, dass viele von uns Angst haben, und manche von uns haben tiefe Nöte, für die wir noch nicht einmal Worte haben. Bevor wir weitermachen, lass uns einmal darüber nachdenken, was das für Nöte sein können.

KAPITEL 5

UNGEWISSHEITEN

An jenem Tag fühlte ich mich mutig und war die Gedanken etwas leid, die mich innerlich gefangen hielten. Ich hatte gerade angefangen zu träumen, aber noch nie hatte ich laut über meine Träume gesprochen.

„Irgendwie fühle ich mich so rastlos… ich denke, dass es vielleicht mehr als das hier gibt, was Gott für mich will."

Hilflos murmelte ich diese Worte, während ich mit einer Freundin Kaffee trank. An jenem Tag wollte ich so gerne mit ihr zusammen träumen. Ich wollte laut darüber nachdenken, ob es irgendwo einen Hinweis darauf geben könnte, dass es Gott war, der dieses Gefühl der Unruhe in mir ausgelöst hatte. Vielleicht war er es, vielleicht auch nicht.

Aber ich wollte so sehr die Antwort auf diese Frage finden, die mich seit Jahren nicht losgelassen hatte und immer wichtiger zu werden schien. Während ich etwas unbeholfen meine Gedanken murmelte, hörte sie mir zu und entdeckte in meinen Gedankengängen Hinweise auf Gott.

Das sagte sie mir auch, doch jedes Mal, wenn sie davon sprach, dass wir die Freiheit hätten zu träumen, warnte sie mich zugleich: „Aber… pass auf."

Jede Erwähnung des Heiligen Geistes wurde durch meine Freundin von den Worten begleitet: „Aber… pass auf, dass du der Bibel Priorität einräumst."

Jeder Erwähnung des Gefühls der Rastlosigkeit folgten die Worte: „Aber … pass auf, dass du nicht einfach nur undankbar bist für all das, was dir gegeben wurde."

Jedes Mal, wenn die Sprache auf mögliche Berufungen außerhalb meines Zuhauses mit kleinen Kindern kam: „Aber … pass auf, dass deine Kinder trotzdem an erster Stelle stehen."

Jedes Mal, wenn es um einen vermehrten Einsatz von Begabungen in der Öffentlichkeit ging: „Aber … pass auf, dass du das nicht nur tust, um dich selbst voranzubringen."

Und da ich eine sehr enthusiastische Person bin, hasse ich die Worte „Aber … pass auf".

Sie wecken Erinnerungen an die Vorfreude, die ich als Kind fühlte, als ich schließlich alt genug war, den Wald hinter unserem Haus zu erkunden. Ein Hochgefühl von Freiheit überkam mich, als ich aus der Hintertür hinauslief: Aber genau in dem Moment, als all diese Energie freigesetzt wurde, hielt meine Mutter mich fest und zählte mir eine Reihe von Regeln und Einschränkungen auf, die mit den Worten begannen „Aber … pass auf". In diesem Moment waren mir ihre Regeln total egal; ich hatte bereits den Duft von Hoffnung, Freiheit und Abenteuer geschnuppert. Bei dem vor mir liegenden Abenteuer wollte ich nicht an der kurzen Leine gehalten werden.

Und so bin ich noch immer. Also lasst uns anfangen und all die Warnungen, die mit „Aber … pass auf" beginnen, zur Seite schieben. (Das gilt besonders für diejenigen unter euch, die nicht ganz so aufgedreht sind wie ich und sich erst dann bei einer Sache entspannen und Spaß haben können, wenn die Grenzen gesetzt sind.)

Wir können uns einer so entscheidenden und schwerwiegenden Frage wie „Was soll ich mit meinem Leben anfangen?" nicht nähern, ohne eine Art Rahmen abzustecken. Fast jedes Thema, das in diesem Kapitel zur Sprache kommt, wird an späterer Stelle noch einmal tiefgehender aufgegriffen, aber ich möchte dir hier zunächst einmal einen allgemeinen Überblick geben.

Geht es hier um uns oder um Gott?

Kürzlich las ich ein Buch, welches ich sehr schätze. Seine Botschaft lautet, dass man aufhören soll, alles zu analysieren, und stattdessen einfach etwas tun[1] sollte. Das sehe ich ganz genauso. In unserer Kultur sind wir so davon besessen, uns selbst zu analysieren und über uns selbst zu reden, während zur gleichen Zeit Menschen krank sind und sterben. Menschen kennen Gott nicht. Menschen sind versklavt. Sie erleben Scheidungen und Depressionen und beerdigen ihre Kinder, während wir damit beschäftigt sind, uns selbst zu verstehen.

Ich glaube schon, dass wir uns auch hin und wieder für eine sehr kurze – und ich meine wirklich kurz – Zeit zurückziehen können, um darüber nachzudenken, was genau Gottes Wille für uns sein könnte. Eine solche Zeit erlebten Zac und ich, während wir unseren Weg durchs theologische Seminar ertasteten und ehrlich gesagt gar nicht so genau wussten, warum wir eigentlich dort waren. Also versuchten wir bewusst herauszufinden, was unser einzigartiger Platz in den Plänen Gottes sein könnte. Es fühlte sich wie eine Nabelschau an. Ich hatte Angst, dies könnte selbstsüchtig sein, und am Anfang wehrte ich mich sogar dagegen. Als ich dann Gott um Frieden für diese Zeit der Selbstentdeckung bat, sprach Professor Howard Hendricks in einer Unterrichtsstunde diese Worte: „Ihr könnt erst dann jemandem helfen, wenn ihr euch selbst versteht."

Dies wird also keine Selbstanalyse zum Zweck der inneren Erfüllung, obwohl ich glaube, dass eine tiefere Freude ein Nebenprodukt dieses Prozesses sein wird. Hier geht es darum, die Geschichte Gottes zu verstehen, und wie wir unsere Rolle darin spielen können – wie wir ihm und anderen Menschen dienen können, solange wir hier sind.

Als John Piper gefragt wurde, wie wir den Willen Gottes für unser Leben finden können, antwortete er: „Lerne die Bibel kennen, lerne dich selbst kennen, und lerne die Nöte um dich herum kennen."[2] Es ist vollkommen okay, das zu tun, insbesondere im Hinblick auf Gott und andere. Die Bibel unterstützt dies immer wieder:

Deshalb hat Gott jedem einzelnen Glied des Körpers seine besondere Aufgabe gegeben, so wie er es wollte. Was für ein sonderbarer Leib wäre das, der nur einen Körperteil hätte! Aber so ist es ja auch nicht, sondern viele einzelne Glieder bilden gemeinsam den einen Leib.
1. Korinther 12,18–20

Setz die Gabe ein, die Gott dir schenkte.
1. Timotheus 4,14

Wie auch immer sich der Heilige Geist bei jedem Einzelnen zeigt, seine Gaben sollen der ganzen Gemeinde nützen.
1. Korinther 12,7

Es gibt eine Zeit und einen Ort, um nach unserer einzigartigen Rolle in Gottes Geschichte zu suchen … aber … hier ist meine Ermahnung: Reagiere auch auf die Not, die du siehst. Jetzt.

Denn schließlich steht in Lukas 6,30: „Gib jedem, der dich um etwas bittet". Wir sind dazu aufgerufen, uns um die Dinge zu kümmern, die wir direkt vor Augen haben, und alles andere können wir ungeachtet unseres Temperaments und unserer Geschichte auch anpacken. Wenn wir unsere Berufung ausleben, reagieren wir ebenso auf die Nöte anderer, was auch immer sie sein mögen. Heute zum Beispiel – während ich ein Buch schreibe, das direkt zu meiner Berufung passt – gebe ich auch dem tollen jamaikanischen Kellner, der mir mein Frühstück serviert, ein großzügiges Trinkgeld, denn er schickt dieses Geld an seine Kinder und die Ehefrau in Jamaika. Er hat mir das Essen mit Freude serviert. Ich habe bei ihm sogar eine Würde bemerkt, die darauf hindeutet, dass er für mehr lebt, als nur meine Bestellung korrekt auszuführen. Und als ich ihn auf das Thema Glaube ansprach, sagte er mir, dass er Jesus liebe.

Also warte nicht auf eine besondere Stimme vom Himmel. Wir sind unterwegs, reagieren, lieben und gehorchen. Und wenn wir bereit sind, Gott in Demut zu folgen, wird er uns auf unserem Weg leiten.

Zu der Frage: „Geht es hier um uns oder um Gott?“ würde ich sagen: Wenn es bei uns um Gott geht, ist alles in Ordnung.

Bleiben oder gehen?

Ich wuchs mit der Überzeugung auf, dass Gott mich, wenn ich ihm mein Leben anvertrauen würde, höchstwahrscheinlich nach Afrika schicken würde. Und ich dachte nervös: Wenn dort Not herrscht und ich dazu bereit bin, warum sollte er mich dann nicht tatsächlich dahin schicken? So geschah es, dass ich aufgrund meiner Angst und einer tiefen Liebe zu meinen Freunden und Starbucks erst mit über dreißig sagen konnte: „Was soll's! Ich bin dabei, was auch immer du sagst.“

In meinem jungen Kopf waren Missionare die einzigen völlig gottergebenen Superhelden des Glaubens. Der Rest von uns neigte zu Bequemlichkeit und Materialismus und wollte das Vertraute nicht loslassen. Nein, die wirklich Frommen verkauften ihren ganzen Besitz und lebten irgendwo in Hütten. Das nächsthöhere Level von Superhelden widmete sich dem hauptamtlichen Dienst für Gott in den Vereinigten Staaten. Mittlerweile weiß ich, dass ich damit falsch lag, denn die gottergebensten Menschen, die ich kenne, sind:

- Ärzte in Austin, Texas, die jenen helfen, die schon ihr ganzes Leben lang mit Depressionen zu kämpfen haben;
- der tolle jamaikanische Kellner, der mir heute Morgen das Frühstück serviert hat und sein Gehalt nach Hause zu seinem vierzehnjährigen Sohn und seiner Frau schickt, und mich, während er mich bedient, nach einem Bild meiner Familie fragt;
- unser guter Freund Eric, der seine unternehmerische Begabung nutzt, um Unternehmen zu gründen, bei denen jeder Cent des Gewinns in die Betreuung und Versorgung von Waisenkindern fließt;
- eine Hausfrau und Mutter, die beschloss, ihre Liebe zum Kochen und ihr Zuhause für Dinnerpartys zu nutzen und so pro Jahr

über 500 Gäste in ihrem Haus bewirtet – einfach, um sie zu segnen, sie miteinander in Kontakt zu bringen und ihr Leben zu bereichern;
- unser guter Freund John, der in Austin Häuser nach Kundenwunsch baut. Er baut nicht nur hervorragend Mauern und Küchentresen, sondern pflegt auch tiefe Beziehungen mit seinen Mitarbeitern und jeder Familie, für die er arbeitet;
- meine Nachbarin Corbin, die etwas zum Familieneinkommen beitragen wollte und nun von zu Hause aus eine Landschaftsgärtnerei betreibt. Wenn ich sie sehe, ist ihre Kleidung zwar immer mit grünen und braunen Flecken versehen, aber sie ist noch nie glücklicher gewesen. Wenn man sie fragt, warum sie so glücklich ist, sagt sie: „Weil ich das tue, wozu Gott mich geschaffen hat. Ich mache das Leben anderer Menschen schöner."

Manche Menschen haben aber auch gebetet, Gott ihr Leben anvertraut und anschließend tatsächlich die Berufung erhalten, woanders hinzuziehen:

- Marty und Amy Skrivano lebten in Little Rock in Arkansas und hatten dort ein komfortables Leben und ausreichendes Einkommen. Aber mit vierzig spürte Marty den Ruf Gottes, dass er hauptamtlich als Seelsorger arbeiten sollte. Er hatte bereits sein ganzes Leben lang gewusst, dass er diese Begabung besaß, aber nie, wie er sie tatsächlich einsetzen sollte. Nun wusste er es, und so brach Marty in der Mitte seines Lebens seine damalige berufliche Kariere ab. Sie zogen mit ihren drei Kindern nach Denver, um dort das theologische Seminar zu besuchen, und ließen ihre Verwandten und ihre finanzielle Sicherheit zurück.
- Unsere guten Freunde Gloria und Dave Furman wussten, dass sie auf ihre Familien und ihren Komfort verzichten würden, als sie die erste englischsprachige evangelikale Gemeinde in

der Innenstadt von Dubai gründeten. Sie gehorchten Gott und ließen ihre vertraute Kultur zurück, damit er sie gebrauchen konnte, um etwas in einer der einflussreichsten Gegenden der Welt zu bewegen.
- Andere Freunde von uns, Bill und Lisa Miller, wussten, dass sie ihre Liebe zu Gott nach Prag bringen konnten, aber nicht im hauptamtlichen Dienst für Gott, sondern durch Bills Tätigkeit als Professor an einer örtlichen Hochschule. Aufgrund seiner Begabungen und seiner Ausbildung erlebten sie, dass viele Menschen dort zu Christus kamen.

Bleibst du also da, wo du grade bist, oder gehst du fort? Ich weiß nicht, was du tun solltest. Ich sage dir nicht, dass du auf jeden Fall umziehen solltest. Und ich sage dir auch nicht, dass du auf jeden Fall bleiben solltest. Nur um Folgendes bitte ich dich, dass du sagst: „Gott, dein Wille geschehe."

Klein oder groß?

Ich kann nicht sagen, was der Unterschied ist zwischen dem, was die Welt für groß oder klein hält, und dem, was Gott für groß oder klein hält, weil das die falsche Frage ist; und ich stelle sie mir kaum noch.

Die einzige Frage, die hier gestellt werden sollte, ist: „Was soll ich tun, Gott?"

Und dann tu es. Analysiere es nicht, tu es einfach – so wie Josef. Josef hatte eine tiefe Beziehung zu Gott und vertraute ihm. Soviel in seinem Leben schien unbedeutend zu sein, wie zum Beispiel das Schrubben der Böden in Potifars Haus. Aber für ihn war das gründliche Schrubben des Bodens etwas, was Gott nicht egal war. Das jahrelange Anstarren der Gefängnismauern war nicht egal, weil dadurch der Charakter eines Mannes geformt wurde, der das von seinen Brüdern begangene Unrecht vergeben konnte und schließlich – was das allerwichtigste war – ein ganzes Land aus dem Ruin führen würde.

In unserer Kultur beurteilen wir andere anhand von verkehrten Werten und niederen Beweggründen. Wir lieben es, Menschen zu Stars zu machen und ihnen dann bei ihrem Fall zuzusehen. Und dennoch lechzen wir nach dieser Berühmtheit, die so offensichtlich keine Erfüllung schenkt. Ein altes Sprichwort sagt: „Tu was du liebst, und das Geld wird folgen." Ich weiß nicht, ob du das lieben wirst, zu dem Gott dich aufruft (kann sein), und ich kann sicherlich nicht versprechen, dass das Geld folgen wird (vielleicht). Aber eins kann ich dir sagen. Am Ende unseres Lebens, wenn wir vor Gott stehen, sind dies die einzigen Dinge, die zählen:

Habe ich getan, was ich auf dieser Erde nach Gottes Willen tun sollte?

Habe ich die Aufgaben vollendet, die er mir anvertraute?

Habe ich Gottes Bestimmung für mich in meiner Generation erfüllt?

Also lasst uns von diesen Zielen aus rückwärts arbeiten, statt so lange zu warten, bis wir im Thronsaal Gottes stehen, und uns diese Fragen jetzt stellen. Lass sie uns jetzt im Leben umsetzen. Nicht, um uns damit unsere Erlösung zu verdienen, sondern als Antwort an einen Gott, der uns erschaffen und errettet hat als Teil seines großen Plans. Wenn du bereit dazu bist, wird er dich führen.

„Setzt euch zuerst für Gottes Reich ein und dafür, dass sein Wille geschieht. Dann wird er euch mit allem anderen versorgen", sagte Jesus (Matthäus 6,33).

Und Paulus setzte dies in seinem Leben um: „Ob ich nun wenig oder viel habe, beides ist mir durchaus vertraut, und ich kann mit beidem zufrieden sein" (Philipper 4,12).

All das, was die Welt für wichtig hielt, war für Paulus' Aufgabe, seinen Gott und seine Seele unbedeutend. Er erklärte: „Aber seit ich Christus kenne, ist für mich alles wertlos, was ich früher für so wichtig gehalten habe. Denn das ist mir klar geworden: Gegenüber dem unvergleichlichen Gewinn, dass Jesus Christus mein Herr ist, hat alles andere seinen Wert verloren" (Philipper 3,7–8).

Und wozu ruft Gott dich auf?

Wirst du eine gemeinnützige Organisation gründen?

Wirst du einen Bibelkreis an deinem Arbeitsplatz ins Leben rufen?

Wirst du eine Karriere als Buchhalter verfolgen?

Wirst du ein Kind adoptieren?

Wirst du ein Kunstprojekt an deiner örtlichen Schule initiieren?

Wirst du dich um ein politisches Amt bewerben?

Wirst du dich um Menschen in einem Pflegeheim kümmern?

Wirst du eine Baseballmannschaft für Kinder betreuen?

Wirst du Häuser entwerfen?

Wirst du nach Afrika ziehen?

Wirst du eine Bewegung ins Leben rufen, die sich für ein Ende der Sklaverei einsetzt?

Wirst du dich um deinen kranken Vater kümmern?

Wirst du an einem missionarischen Kurzeinsatz teilnehmen?

Wirst du ein Buch schreiben?

Meine Antwort auf meine Berufung sieht so aus, dass ich über Jesus spreche – manchmal in Büchern, manchmal in großen Hallen und manchmal in Wohnzimmern. Und wenn ich meine gute Freundin Christine Caine treffe, eine der engagiertesten Christinnen, die ich kenne, erscheint mir mein eigener Gehorsam gegenüber Gott so klein. Wenn ich wiederum meiner Freundin Laura gegenübersitze, die sich tagtäglich um einen Haufen kleiner Menschen zu ihren Füßen kümmert, hält sie meine Art von Gehorsam für groß. Alles ist so relativ.

> Aus den unscheinbarsten Aufgaben heraus entstehen oft große Dinge, die wir jetzt noch nicht sehen können.

Oft ist Vergleichen der Grund, warum uns unsere eigentlich wichtigen Rollen auf einmal so unbedeutend erscheinen. Durch unser Vergleichen verlieren wir die Freude am Gehorsam.

Ich habe an diesem Buch in verschiedenen Kaffeehäusern, neben einem Krankenhausbett, in einer chaotischen Küche mit etwas Klebrigem an meinem Ellenbogen und in einem Ferienhäuschen in Gruene, Texas, gearbeitet, und heute – gelobt sei der Allmächtige – schreibe ich dir von einem Strand in Florida, wo ich Anfang dieser Woche an einer Konferenz teilgenommen habe. Volltreffer!

Aber auch die scheinbar tollsten, bedeutendsten Jobs fühlen sich irgendwann banal an, wenn deine Ellenbogen von einem Rest Müsli klebrig sind.

Und vor all diesen neuen Abenteuern habe ich ein Jahrzehnt lang Windeln gewechselt, Toiletten geschrubbt und Hähnchen zubereitet. Ich bin durch ein Jahrzehnt voller scheinbar banaler Aufgaben gegangen, aber wenn jemand nicht die Windeln meiner Kinder gewechselt hätte, würden sie später nicht in der Lage sein, die Welt zu verändern. Und glaub mir, mein Leben ist noch immer voll von solchen Dingen. Windeln und Fußböden und Essen erinnern uns daran, dass wir alle Menschen sind, doch im Alltäglichen werden auch Schönheit und Charakter geformt.

Aus den unscheinbarsten Aufgaben heraus entstehen oft große Dinge, die wir jetzt noch nicht sehen können.

Beruf oder Berufung?

Sprechen wir hier über unsere Berufe oder unsere Berufungen? In vielerlei Hinsicht ähnelt diese Frage der Frage nach „klein oder groß". Und auch die Antwort ist ähnlich.

Für manche von uns sind ihre Berufe auch ihre Berufung, und sie leben ihre Berufung aus, während sie gleichzeitig ihren Lebensunterhalt verdienen. Es ist ein seltenes Geschenk, gleichzeitig die Rechnungen bezahlen und seine Seele erfüllen zu können. Aber für den Großteil der Welt und in den meisten Generationen geht es bei der Arbeit nicht um persönliche Erfüllung, sondern darum, Geld zum Leben zu verdienen. Die eigene

> Letztendlich ergibt die Summe unserer Minuten und Tage unser Leben.

Familie ernähren zu können schenkt schon genug persönliche Zufriedenheit.

In der westlichen Welt haben wir den Luxus, dass es Millionen von Jobs in fast ebenso vielen Bereichen gibt, und doch gibt es Menschen, die sich jahrelang über ihre unbefriedigenden Jobs beschweren. Ich persönlich würde sie dann gerne schütteln und sagen: „Wir leben in einer Welt, wo man den Job wechseln kann. Dann wechsle ihn doch, zum Geier noch mal!"

Aber manchmal sind wir dazu aufgerufen, dort zu bleiben, wo wir sind, auch wenn wir die langweiligste, elendste Sache der Welt tun müssen. Über diesen Aspekt werden wir noch mal in Teil 2 sprechen, wenn wir anfangen werden, Dinge aufzuschreiben. Hier geht es um etwas Tiefgreifenderes als nur einen Job, und doch können wir unseren Job nicht ignorieren. Denn mit ihm verbringen wir unsere Minuten und Tage. Und letztendlich ergibt die Summe unserer Minuten und Tage unser Leben.

Gott ruft Menschen in alle möglichen Berufe. David, zum Beispiel, war erst Soldat und dann König. Nehemia war erst Mundschenk und dann Mauerbauer. Daniel und Josef waren Berater für Staatsoberhäupter. Bevor Jesus sein Leben seinem Dienst widmete, ist er Zimmermann gewesen, und Paulus war Zeltmacher. So etwas wie geistliche und weltliche Jobs gibt es nicht – das ist allein unsere Einteilung. Gott ruft Menschen zu sich und ruft sie dann auf, ihn immer und überall bekannt zu machen. Bist zu vielleicht dazu berufen, andere Menschen zu lehren oder zu schreiben oder Mutter zu sein oder Häuser zu bauen oder Flugzeuge zu fliegen? Schön. Tu es, als würdest du es für Gott tun.[3]

Auch Gott arbeitet – er baut und erschafft. Gott sieht Chaos und bringt Ordnung, und sein Werk ist geprägt von Freude und seinem Dienst an uns. Du wurdest dafür geschaffen, selbst Dinge zu erschaffen und zu bauen und Gott in dieser Welt widerzuspiegeln.

Vor dem Sündenfall wurde uns die Arbeit als Geschenk gegeben; wir wurden nicht dafür geschaffen, herumzusitzen und nichts zu tun. Wir wurden geschaffen, um banale Arbeiten zu tun. Aber es ist nicht das Banale, das uns definiert, weil Jesus uns eine tiefe Bestimmung gegeben hat, die wir ausleben sollen, indem wir andere Menschen lehren oder schreiben oder Mutter sind oder Häuser bauen oder Flugzeuge fliegen. Zwischen Beruf und Berufung gibt es keinen Unterschied. Wenn du in deinem Job auf Gott hinweist – was auch immer dein Job sein mag –, dann bist du auf dem richtigen Weg.

Was wir wissen können und was nicht

Meine mittlere Schwester Brooke und ihr Mann Tony führen eine Gästeranch in Colorado mit dem Namen *Lost Valley Ranch.* Sie haben Dutzende von jungen Angestellten, die sich auf schöne Art und Weise um Dutzende von Gästen kümmern. Bei einem meiner kürzlichen Besuche auf der Ranch kam der Chefkoch Matt aus der Küche, um mit mir zu sprechen. Wir hatten uns noch nie zuvor getroffen, aber ich wusste genau, wer er war. Er kam, um mir zu danken. Ein unbedeutender und mir unbewusster Moment in meinem Leben hatte seines verändert, und er wollte mir dafür die Hand schütteln.

Drei Jahre zuvor saß ich im Anschluss an eine Bibelstunde mit einer jungen Frau namens Anne in meinem Auto. Sie war zweiundzwanzig, gerade mit dem College fertig und fühlte sich irgendwie verloren, weil sie sah, wie ihre Freunde neue Jobs annahmen und ihre Hochzeiten planten. Sie fragte sich laut, welche Richtung ihr Leben nehmen sollte; die Gleise, die ihren Lebenszug durch die letzten zweiundzwanzig Jahre geführt hatten, waren zu Ende, und nun war sie gezwungen, ihre eigene Strecke zu bauen.

Sie fühlte sich rastlos und unsicher, und nun saß sie in meinem Auto und sprach über einige Dinge, die in ihrem Kopf nur Verwirrung hervorriefen:

Sie liebte Kochen und war gut darin.

Sie hatte deutliche Begabungen in den Bereichen Gastfreundschaft und Leiterschaft.

Sie wollte diese Dinge für einen geistlichen Dienst einsetzen.

Während sie redete, schrieb ich den Namen der Ranch sowie den Namen und die Telefonnummer meiner Schwester auf einen Zettel. Sie stieg aus meinem Auto aus, und das nächste, was ich von ihr hörte, war, dass meine Schwester und ihr Mann sie für den Sommer eingestellt hatten. Aus dem Sommer wurden drei Jahre, aus Kellnern wurde die Leitung der Küche, und aus einem netten Koch wurde ein Verlobter namens Matt.

An diesem Tag nun saß ich mit Matt zusammen, und wir sprachen über Gottes geniale Planung. An jenem Abend in meinem Auto hatte Anne nicht den Hauch einer Ahnung gehabt, wie ihre Zukunft aussehen würde. Aber Gott hatte ihre Geschichte bereits geschrieben, und er hatte dieses Gefühl von Rastlosigkeit in ihr Herz gelegt, das sie dazu bewegte, mich um einen Moment meiner Zeit zu bitten. Er gab ihr genug Wissen über sich selbst, um sie an einen besonderen Ort zu führen, hunderte von Kilometern von Zuhause entfernt, wo er eine weitere Geschichte schrieb, die schließlich die ihre kreuzen würde.

Was kein Auge jemals sah, was kein Ohr jemals hörte und was sich kein Mensch vorstellen konnte, das hält Gott für die bereit, die ihn lieben. 1. Korinther 2,9

In jeder Sekunde vergibt Gott Tausende von kleinen Berufungen. Manche Dinge wissen wir, und was wir nicht wissen, können wir getrost ihm überlassen und daran glauben, dass er den richtigen Plan hat. Vielleicht verspüren wir nur Stille, und vielleicht fühlen wir uns sogar vergessen, aber Gott handelt, um seine Pläne umzusetzen.

Hab Vertrauen.

KAPITEL 6

GOTT GEFALLEN

Vor kurzem habe ich auf Facebook meinen Lesern eine Reihe von Fragen gestellt: „Halten dich deine Voreingenommenheiten manchmal davon ab, dich kopfüber in Gottes Vision für dich zu stürzen? Sollten sie uns wirklich zurückhalten? Oder ist es die Angst vor uns selbst, die uns lähmt?"

Die Diskussion, die daraufhin in den Kommentaren zu diesem Post entbrannte, zeigte, dass ich nicht die Einzige mit Angst vor sich selbst war. In diesem Zusammenhang fällt mir die Marketingkampagne des Telekommunikationskonzerns AT&T ein, die den treffenden Slogan trägt: „Es ist nicht kompliziert."

Ein komischer Typ im Anzug stellt darin kleinen Vorschülern Fragen wie: „Was hättet ihr lieber: ein großes Baumhaus oder ein kleines Baumhaus?"

Daraufhin rasseln kleine Kinder ihre tiefsinnigen Antworten herunter, wie: „Wenn es groß genug ist, kann man in seinem Baumhaus eine Disko veranstalten." Toll. Und ja, das stimmt.

Bei der Imbissbude ist es auch nicht kompliziert: Größer und mehr ist immer besser.

Aber größer und mehr ist nicht unbedingt immer besser. Ich habe Freunde, die in größeren „Baumhäusern" leben, die wohl die Ersten wären, die dir erzählen würden, dass größere Baumhäuser viel mehr Zeit und Geld kosten, dass schicke Diskokugeln kaputtgehen und „mehr und größer" schnell auch kompliziert werden kann.

Auch Ehrgeiz ist kompliziert. Größer. Mehr. Bei materiellen Dingen hört sich dies leicht nach Habgier an, deswegen neigen wir oft dazu, die Vorstellung von „größer und mehr“ in unserem Leben mit Sünde in Verbindung zu bringen. Deshalb sitzen wir oft im Hintergrund, so wie meine Freundin Jamie, die eigentlich so gerne träumen würde, aber sagt: „Es erschien mir immer einfacher, in der letzten Reihe zu sitzen und meine Träume zu töten, als die Sünde zu bekämpfen, die mit diesen Träumen in Verbindung stehen könnte.“

Wir haben Angst vor großen Träumen, weil wir Angst vor uns selbst haben.

Wir haben Angst vor Größe, weil wir Angst vor unserer Arroganz haben.

Und doch sagte Jesus über uns: „Wer an mich glaubt, wird die gleichen Taten vollbringen wie ich – ja sogar noch größere“ (Johannes 14,12). Noch größere Taten als Jesus zu vollbringen – das hört sich fast wie Blasphemie an. Wir sagen es selten, aber wenn in uns Ansätze größerer Gedanken oder Visionen aufkommen, schieben wir diese häufig schnell wieder beiseite, weil wir befürchten, wir könnten zu stolz sein. Arrogant. Hochmütig. Oder schlimmer – wir könnten in den Augen der anderen hochmütig erscheinen.

Diese Kämpfe führe ich in meiner Seele beinahe täglich. So lange habe ich einfach im Hintergrund gesessen, während meine Träume wie verschüttet auf dem Boden lagen. Aber vor ein paar Monaten begegnete ich einer Frau, die anscheinend nicht weiß, wie man klein träumt.

Sie ist eine Gigantin in der Welt des Dienstes für Gott, und ich konnte sie einen Nachmittag lang alles fragen, was ich wollte. Da zu diesem Zeitpunkt eine große Vision in meinem Herzen heranwuchs, wusste ich genau, was ich sie fragen wollte: „Woher weiß man, dass eine Vision, die man hat, von Gott kommt?“

Sie sah mich an und sagte dann sehr direkt und einfach: „Irgendwann betrachtet man die Motive in seinem Herzen, und wenn man etwas für Gott tun will, sollte man es einfach tun.“

Es war einfach und schwierig zugleich, weil jedes Unterfangen im Leben von einer komplizierten Mischung aus Motiven untermauert wird.

Was keiner sieht

Als Zac und ich beteten: „Gott, wir wollen alles tun", kannte ich den Grund, warum ich bis dahin meine Begabungen nicht in einem größeren Rahmen eingesetzt hatte. Es war die Angst, ich könnte in den Augen der anderen arrogant erscheinen. Schon mit achtzehn wusste ich, dass ich die Gabe des Lehrens hatte und wusste, wie man andere Menschen anleitet. Mehrere Jahre lehrte ich jüngere Frauen in meinem Wohnzimmer. Gleichzeitig sah ich mich in unserer Nachbarschaft um und bemerkte so viele Frauen, die mehr von Gott brauchten. Obwohl ich wusste, dass ich Visionen hatte, wie ich ihnen Gott nahebringen könnte, lähmte mich diese Angst. Einen kleinen Bibelkreis in unserer Gemeinde ins Leben zu rufen, wäre heute für mich keine große Sache, aber damals ängstigte mich dieser Gedanke sehr.

Wir müssen aufhören, uns dafür zu entschuldigen, dass wir unsere Begabungen einsetzen, und uns stattdessen dafür entschuldigen, dass wir es nicht tun.

Ich weiß noch, dass ich mir selbst Dinge sagte wie: „Ich werde demütig im Hintergrund sitzen und anderen Menschen die Chance geben, andere zu leiten." Das hört sich zwar gut an. Aber damit handelte ich völlig entgegen Gottes Willen, und ich nahm nicht die Rolle im Leib Christi ein, für die Gott mich geschaffen hatte. Denn wenn ich meine Begabungen eingesetzt hätte, wären andere dadurch innerlich befreit worden, wiederum ihre Begabungen einzusetzen, und so weiter.

Wir müssen aufhören, uns dafür zu entschuldigen, dass wir unsere Begabungen einsetzen, und uns stattdessen dafür entschuldigen, dass wir es nicht tun. Ich sagte mir damals: „Ich erzähle jungen

Frauen in meinem Wohnzimmer von Gott. Das ist genug. Großartigkeit liegt nicht in Größe."

Natürlich wäre dies genug gewesen, wenn Gott mich nicht zu mehr berufen hätte. Manche Menschen, die Berge ohne jegliche Angst vor sich selbst erklimmen, sollten vielleicht mal ihre Motive überprüfen. Wiederum andere versuchen niemals, einen Berg zu besteigen, weil sie zu viel Angst vor sich selbst haben, und hier ist es genauso wichtig, dass sie ihre Motive hinterfragen.

Gott entlarvte meine falsche Bescheidenheit; und so kam es, dass ich mit der Unterstützung unserer Gemeindeleitung in unserer kleinen neugegründeten Gemeinde mein erstes öffentliches und mehrteiliges Bibelstudium mit dem Titel „Stuck" (Festgefahren) anbot. Irgendwie fanden hundertfünfzig Frauen den Weg in eine kleine Cafeteria, und ich lehrte sie, wie Gott die Räume in uns so gestaltet, damit sie ganz von ihm erfüllt werden können. Damit wurde das Leben von Christen auf den Kopf gestellt; manche fragten sich sogar, ob sie wirklich errettet seien. Ungläubige fanden Sicherheit, und in den folgenden Monaten nahmen Dutzende Menschen Christus als ihren Erlöser an. Gott hatte durch mich etwas bewegen wollen, doch ich hatte ihn nie gelassen, weil ich fürchtete, ich könnte arrogant erscheinen.

Gegen Ende dieses Bibelstudiums, bei dem ich Gott auf so unglaubliche Art und Weise wirken sah, äußerten zwei Personen Kritik, die genau die Ängste ansprachen, die mich zuvor gelähmt hatten: Sie hinterfragten meine Motive. Als ich versuchte, ihre Kritik zu verarbeiten, begann sich alles in mir zu drehen. Ja, es passierte genau das, wovor ich die größte Angst gehabt hatte. Ich hatte einen Schritt nach vorne gemacht und eine Leitungsrolle in unserer Gemeinde eingenommen, und ich kam für Menschen, die mir etwas bedeuteten, möglicherweise arrogant rüber. In diesem Moment wünschte ich mir, wieder zur Sicherheit der hinteren Reihe und der Anonymität, die sie mir einst geboten hatte, zurückzukehren.

Über diese Zweifel sprach ich mit meiner Freundin Karen. Statt mich mit dem Hinweis auf all die guten Dingen zu trösten, die Gott getan hatte, fragte sie mich einfach: „Ist Gott mir dir in dieser Sache zufrieden?“

In diesem Moment drehte sich nichts mehr in mir, und ich war meiner Antwort zu hundert Prozent sicher: „Ja, das ist er.“

Ich wusste, wie schwierig die letzten Monate gewesen waren. Ich hatte im Glauben und im Gehorsam gegenüber Gott gehandelt. Ich hatte meine Angst vor der Meinung der anderen durchbrochen, um andere Menschen um seines Namens Willen zu leiten, damit sie Heilung und Freiheit finden konnten. Ich wusste, dass dies Gott gefiel. Ich konnte wirklich nicht behaupten, in jedem Bereich meines Lebens immer die richtigen Motive gehabt zu haben, aber dieses Mal hatte ich völligen inneren Frieden damit.

Dann fragte Karen: „Was könnte denn sonst noch der Grund für deine Zweifel sein?“

Im Kern unserer Seele befinden sich unser Wille, unsere Wünsche, unser tiefstes Verlangen. Karen stellte mir eine Frage, auf die sie die Antwort nicht wissen konnte. Sie forderte mich auf, etwas zu offenbaren, das Kritik oder sichtbarer Erfolg oder Scheitern nicht offenbaren können. Sie fragte mich, ob meine Motive rein seien. Sie fragte mich, ob ich vor Gott ein reines Herz habe.

Jeder von uns wurde dafür geschaffen, Großes zu tun, und deswegen fühlt sich etwas in uns rastlos und unzufrieden an. Denn tief in unserem Inneren wissen wir, dass wir für irgendeine große Bestimmung geschaffen wurden. Und diese großen Dinge, für die wir geschaffen wurden, sollen geschehen für Gott, durch Gott und in Gott.

Ich weiß, dass es manchmal unmöglich zu sein scheint, das eigene Herz zu verstehen. Lass uns nun versuchen festzuhalten, was darin vorgehen könnte.

Türme und Namen

Unsere Angst davor, etwas Großes zu tun, hat den richtigen Ursprung, da wir nicht immer die richtigen Motive haben. Die meisten von uns würden sich gerne einen Namen machen, und wir verwenden viel Energie darauf, dies immer wieder zu versuchen. Aber gleichzeitig versuchen wir auch, uns unsere Bemühungen nicht anmerken zu lassen.

Als die Menschheit gerade so auf der Erde war, gab Gott ihr den Befehl: Vermehrt euch, bevölkert die Erde und nehmt sie in Besitz! Sein Wunsch war, dass die ganze Erde von seiner Herrlichkeit erfüllt sein sollte.

Die Menschen vermehrten sich, aber sie gehorchten nicht und bevölkerten nicht die Erde, sondern blieben an einzelnen Orten. Sie bauten Städte und entschieden sich für das Böse, und sie versuchten mit aller Kraft, persönliche Größe zu erreichen. Statt das zu tun, wozu Gott sie aufgefordert hatte, verfolgten sie lieber ihren eigenen großen Plan: Sie wollten etwas aus eigener Kraft aufbauen. Anstelle Gottes Namen für seine Ehre bekanntzumachen, strebten sie danach, sich selbst einen Namen zu ihrer eigenen Ehre zu schaffen, und sie bauten den Turm zu Babel[1].

Seitdem hat sich nicht viel verändert. Wir wurden für die Größe Gottes geschaffen. Aber uns selbst überlassen, wollen wir viel lieber selbst groß sein, als Gott groß zu machen. Ob du nun den Turm für deinen eigenen Namen baust oder einfach zu viel Angst hast, überhaupt irgendetwas zu bauen, weil du nicht egoistisch erscheinen möchtest – beides ist falsch.

Ich habe mit genug Leuten gesprochen, um zu wissen, dass viele von euch auf ihren eigenen Begabungen sitzenbleiben. Der Feind agiert subtil und verzerrt für uns die Wahrheit in Lügen, indem er uns einredet, wir seien bescheiden, verantwortungsbewusst und selbstlos, während wir auf diese Weise die Dinge verhindern, für deren Verwirklichung Gott uns auf diese Erde gebracht hat.

Vielleicht hast du schon mal bei Menschen, die im Namen Gottes große Dinge tun, hinter die Fassade geblickt und festgestellt, dass sie in Wirklichkeit auf persönlichen Ruhm aus sind. Wir leben in einer Welt, die in den Ruhm verliebt ist. Leider gilt dies ebenso für Christen wie für andere. Und obwohl es nicht unsere Aufgabe ist, die Motive anderer Menschen zu beurteilen, ist es sehr wohl unsere Aufgabe, unsere eigenen unter die Lupe zu nehmen. Und es ist eine gute Idee, dies täglich zu tun. Ich weiß, dass ich zwar an den meisten Tagen eher zögerlich bin, mehr öffentliche Aufgaben wahrzunehmen, aber wenn andere beginnen, mir zu applaudieren, fange ich plötzlich an, zurückzuwinken und es zu lieben. Wir alle haben täglich mit unseren zwiespältigen Motiven zu kämpfen. Entscheidend ist, dass wir hier wirklich kämpfen.

> Obwohl es nicht unsere Aufgabe ist, die Motive anderer Menschen zu beurteilen, ist es sehr wohl unsere Aufgabe, unsere eigenen unter die Lupe zu nehmen.

Aber wie kämpfen wir? Ob du nun daran arbeitest, in der Welt bekannt zu werden, oder in der hintersten Reihe sitzt und dich versteckst, damit die Leute bloß kein Urteil über dich fällen, die Antwort ist dieselbe: Wir müssen uns selbst überwinden.

Überwunden

Es dauert nicht mehr lange, und dann wird auf der Erde nur noch ein einziger Name zählen. Nicht deiner, nicht meiner. Dieser Name hat dich aufgefordert, mit ihm etwas aufzubauen. Und wer würde nicht das Bauen von Sandburgen gegen das Bauen von etwas eintauschen, was ewig hält?

Dabei muss ich an Mose denken, als Gott ihm in einem brennenden Busch erschien und ihm sagte: „Ich habe gesehen, wie schlecht es meinem Volk in Ägypten geht. Ich habe ihr Schreien vernommen, und mir ist ihr Leiden nicht gleich. Also bin ich gekommen, um sie zu retten und sie aus diesem Land herauszuführen in ein gutes, großes Land."[2]

Daraufhin meldete Mose sich zu Wort: „Ich soll zum Pharao gehen und die Israeliten aus Ägypten herausführen? Wer bin ich schon?" (2. Mose 3,11)

Im Grunde genommen hatte Gott ihm gesagt: „Ich sehe leidende Menschen, die ich befreien will." Aber alles, was Mose durch den

Kopf ging, war: „Ich? Du willst mich?“ Als ob irgendeine von Gottes Taten irgendetwas mit ihm zu tun hätte. Gott wollte das alles tun, um seines Volkes Willen, das in der Gefangenschaft leiden musste. Aber Mose konnte sich selbst nicht überwinden. Zum Glück gebrauchte Gott ihn dennoch.

Paulus schrieb: „Erwarte ich, dass die Menschen mir Beifall klatschen? Dann würde ich nicht länger Christus dienen“ (Galater 1,10). Die westliche Mentalität hat unsere Sicht von Arbeit und Erfolg und Berufung so sehr geprägt, dass es schwierig für uns ist, die Vorstellung abzuschütteln, dass wir anderen Menschen damit gefallen und sie beeindrucken wollen. Doch Gott fordert uns auf, dieses Denken hinter uns zu lassen.

Eine große Veränderung

Wir sehen groß und klein. Wir sehen weltlich und christlich. Wir sehen Größe und Zahlen. Wir entscheiden, was „wichtige Arbeit“ ausmacht. Es scheint unmöglich zu sein, sich völlig über die eigenen Motive klarzuwerden; es ist einfach nur anstrengend, mit Maßstäben herumzulaufen und alles abzumessen, zu vergleichen und abzuwägen.

Tim Keller definiert bedeutungsvolle Arbeit als etwas, bei dem wir die uns gegebenen Rohstoffe nehmen und sie auf eine Art und Weise kombinieren, dass andere Menschen dadurch aufblühen.[3] Eine begabte Komponistin zum Beispiel nimmt einzelne Noten, die für sich alleine nur Geräusche sind, und fügt sie zu etwas Schönem zusammen, das andere aufblühen lässt. Ein Autor macht dasselbe mit Worten. Eine Künstlerin nimmt Farbe, Ton oder Zeichenkohle und erreicht dies ebenfalls.

Was ist aber mit weniger kreativer, scheinbar banaler Arbeit? Eine Hausfrau nimmt das Chaos und stellt Ordnung her, damit andere in dieser Umgebung aufblühen können. Ein Buchhalter nimmt Zahlen und fügt sie zusammen, damit andere ihre Steuern zahlen und aufblühen können. Mütter nehmen das Rohmaterial ihrer Kinder und formen aus ihnen Menschen, die eines Tages anderen helfen werden aufzublühen.

Gute Arbeit. Harte Arbeit. Anderen helfen. Diese Dinge sind schon immer ehrenwert gewesen. Diese Dinge wurden schon immer respektiert. In Ruanda, wo wir unseren Sohn adoptierten, ist es so, dass die Feldarbeiter, wenn man mit ihnen spricht, so selbstbewusst und stolz über ihren Beitrag zu dieser Welt sprechen, als seien sie Anwälte in Anzügen.

Aber das Spiel hat sich für uns verändert. Irgendwie haben wir verschiedene Skalen zusammengefügt, die Titel und Einkommen und sogar die für eine Sache erforderliche Opferbereitschaft gewichten. Vor kurzem sagten mir einige Studenten der Universität von Texas bei einem gemeinsamen Frühstück, dass alle ihre Freunde darum wetteiferten, wer in den Sommerferien für eine Sache die größte Opferbereitschaft an den Tag lege. Anscheinend macht man sich heutzutage schon dann schuldig, wenn man nicht in ein Dritte-Welt-Land geht.

Wir haben das Spiel an uns gerissen und bemessen den Wert von Dingen nun anhand einer Skala, die nicht von Gott geschaffen wurde. Es geht hier nicht darum, ob man sich nun dazu entschließt, ein Praktikum in einer Anwaltskanzlei zu machen oder den Sommer in Übersee zu verbringen. Aber wenn wir etwas nur tun, damit andere uns dafür applaudieren, beschmutzen wir unseren Auftrag.

Nach dem Zweiten Weltkrieg führte Dorothy Sayers eine Studie zum Thema Erfüllung durch. Als sie Männer fragte, welches die schwierigsten Tage ihres Lebens waren, ob es die waren, in denen sie ihre Freunde sterben sahen und um ihr eigenes Leben kämpften, sagte fast jeder von ihnen, dass sie sich noch nie so erfüllt gefühlt hätten wie zu jener Zeit.

Warum?

Sie hatten eine gute Motivation für das, was sie taten, und es ging dabei nicht darum, wie sie auf andere wirkten. Die größte persönliche Erfüllung empfinden wir dann, wenn wir an etwas beteiligt sind, das größer ist als wir selbst, etwas, das dem Wohle anderer dient. Während die Studenten nach Ruhm für sich selbst suchten, waren die Soldaten Teil eines großen Plans. Beide Gruppen taten ein edles Werk, aber die eine Gruppe wetteiferte um Lob, während die andere Gruppe das Wohl anderer Menschen im Blick hatte.

Was wäre, wenn wir die Motive unseres Lebens nähmen (ganz gleich, welchen Wert diese in den Augen der Welt haben) und anfangen würden, sie um Christi Willen dafür einzusetzen, dass andere Menschen aufblühen können? Dann würden sich unsere Motive plötzlich mehr auf Gott und andere Menschen beziehen und weniger auf uns selbst.

Ist es wirklich so falsch, mit seinen Taten hier etwas Großes bewegen zu wollen – für Gott?

Die Dornen annehmen

Früher blickte ich etwas neidisch auf Menschen, die ihren Dienst für Gott im Rampenlicht taten. Ich hatte den Eindruck, dass sie ihre Begabungen auf zauberhafte Weise einsetzten und erfüllt wirkten – so glücklich. Sie schienen Gott die Ehre zu geben, und als Zugabe erhielten sie unseren Respekt und unsere Bewunderung. Wie lohnenswert, dachte ich. Bis … dieses Licht eines Tages auch ein wenig auf mich schien.

Ich bin die Frau eines Pastors, Autorin und halte Vorträge, und es ist weder schick noch einfach, noch streichelt es mein Ego. Bis jetzt hat es sich eher wie der Tod angefühlt – und nicht wie eine saubere, schnelle, Kugel-durchs-Herz-Art von Tod. Nein, es ist ein langsamer, hingezogener, Wann-wird-es-endlich-vorbei-sein-Tod.

Auch wir werden kritisch betrachtet und von anderen beurteilt. Der Kampf gegen den Teufel ist auch nicht wirklich ein Highlight. Und mit der Last zu jonglieren, Menschen zu Gott zu führen, während man versucht, eine fromme Mutter, Ehefrau, Freundin und Autofahrerin zu sein, ist auch kein Zuckerschlecken.

Aber Gott hat einen Weg, unsere Motive zu formen. Und zwar möchte er, dass wir ein reines Herz haben, und das bekommen wir, wenn wir zulassen, dass er uns verändert, uns demütig macht und unser Herz dazu bringt, für ihn zu schlagen.

Darum, damit ich mich nicht überhebe, wurde mir ein Dorn für das Fleisch gegeben, ein Engel Satans, dass er mich mit Fäusten schlage, damit ich mich nicht überhebe. Um dessentwillen habe ich dreimal den Herrn angerufen, dass er von mir ablassen möge. Und er hat zu mir gesagt: Meine Gnade genügt dir, denn meine Kraft kommt in Schwachheit zur Vollendung. Sehr gerne will ich mich nun vielmehr meiner Schwachheiten rühmen, damit die Kraft Christi bei mir wohne.
2. Korinther 12,7–9; EL

Die Dinge, die diese Berufung so schwer zu tragen machen, sind dieselben Dinge, die mich demütig halten. Dornen auf unserem Weg machen uns bewusst, dass wir Gott brauchen, und während ich mich durch meine Dornen kämpfe, denke ich an meine Menschlichkeit, meine Unsicherheit, meine Angst, meine Sünde. Ich schlage mir einen Weg durch sie hindurch, weil ich weiß, dass am Ende all dieses Unglaubens, dieser Angst und dieser Selbstsucht Gott auf der anderen Seite ist. Ich wünschte, es wäre leichter, aber dann wiederum würde es uns nichts kosten und auch nichts bedeuten. Und wie ich mich kenne, würde ich dann eher das Rampenlicht suchen als Gott.

Was wäre, wenn wir einfach durch unsere Dornen und unsere Sünden hindurchliefen und Gott uns wieder aufrichten ließen, während wir unterwegs sind? Wir können nicht darauf warten, bis unsere Sünde verschwunden ist, bevor wir loslaufen, sonst werden wir es nie tun. Wir müssen kämpfen, während wir laufen. Ich denke, dass wir in zwanzig Jahren eher die Dinge bereuen werden, die wir nicht getan haben, als die, die wir nicht perfekt geschafft haben.

Ich denke, dass wir in zwanzig Jahren eher die Dinge bereuen werden, die wir nicht getan haben, als die, die wir nicht perfekt geschafft haben.

Vor kurzem hörte ich ein Interview von Larry King mit Daniel Radcliffe über den letzten Teil der Harry-Potter-Filmreihe, und Daniel sagte etwas sehr Schönes über seine Rolle in diesen Filmen: „Ich wusste immer, dass jeder, der die Rolle erhalten hätte, denselben Ruhm bekommen hätte. Es ging dabei nie um mich. Es ging um das Produkt. Ich war ganz einfach ein Teil von etwas Größerem."[4]

Wir alle haben Rollen in einer Geschichte erhalten, bei der es um etwas so viel Größeres geht; es geht einfach nicht um uns. Nachdem wir so lange in der hinteren Reihe gesessen haben, weil wir Angst hatten, Gott die Ehre zu stehlen, ist es jetzt angebracht, unser Leben auf den Prüfstand zu stellen. Wer bin ich eigentlich, dass ich so etwas überhaupt denke? Wie meine Freundin Christine Caine sagt: „Wer bin ich, dass ich überhaupt zu denken wage, dass ich an meinem besten Tag auch nur ein kleines bisschen von Gottes Ehre stehlen könnte?"

Also werfen wir die Sünde von uns, die uns festhalten will, und laufen los … aber wohin eigentlich?

KAPITEL 7

EIN GLEICHNIS

Als ich Jesus kennenlernte, stellte er mich auf eine Laufbahn, und ich begann mit Eifer ein Rennen zu laufen, umgeben von Leuten, die mich anfeuerten. Ich fühlte mich motiviert, hatte eine Bestimmung, war voller Freude. Meine Augen wurden durch nichts abgelenkt. Jesus war komplett in meinem Fokus, und das Ziel des Rennens war für mich klar. Aber während ich lief, bemerkte ich zu meiner Rechten und Linken immer mehr Menschen, die von Unkraut umschlungen waren. Manche von ihnen hatten aufgehört zu laufen, weil sie von etwas abgelenkt worden waren, und manche, weil sie Schmerzen hatten.

Ich lief weiter, aber ich begann, mich einsam zu fühlen. Also fing ich an, mir Fragen zu stellen über Dinge, über die ich mir einst im Klaren gewesen war, wie zum Beispiel: Warum laufe ich eigentlich?

Dann stolperte ich. Ich war verletzt.

Jetzt war ich es, die am Straßenrand stand. Ich war müde und hatte Schmerzen. Es fühlte sich gut an, mit dem Laufen aufzuhören. Ich suchte die Nähe von anderen verletzten Läufern. Wir erzählten uns Geschichten und Witze, und schließlich fühlten wir uns miteinander wohl. Als ob es gar kein Rennen gäbe – als ob wir noch nicht einmal verletzt wären.

Immer mal wieder rief mir ein Läufer zu: „Komm schon, Jennie! Komm zurück und lauf mit uns!“ Aber keiner hielt wirklich an, um mir zu helfen. Sie liefen einfach vorbei. Als die Zeit verging, begann ich am Straßenrand mit ein paar unterhaltsamen Hobbies. Diese Hobbies motivierten mich eine Zeit lang und ließen mich wieder etwas Erfüllung spüren. Mein verletzter Knöchel wurde nie wieder ganz heil, aber ich hörte auf, darüber nachzudenken – er schmerzte nicht mehr so viel wie früher. Und es dauerte nicht lange, da entdeckten wir, wie viel Spaß es machte, die übriggebliebenen Läufer zu kritisieren: ihre Shorts, ihr Haar, ihre Geschwindigkeit, ihre Einstellung.

Bis eines Tages eine kleine Gruppe von Läufern die Strecke verließ und auf mich zukam. Als das passierte, wünschte ich mir, sie würden weggehen, aber das taten sie nicht. Ich erinnerte mich daran, dass ich sie damals, als ich selbst noch ein Läufer gewesen war, überholt hatte; sie hatten verletzt am Straßenrand gestanden, total verheddert. Jetzt liefen sie direkt zu mir und setzten sich neben mich.

Einer von ihnen reichte mir Wasser, und ein anderer hatte Verbandsmaterial dabei. Dann stellten sie mir eine Frage:

„Brauchst du Hilfe?"

Aus irgendeinem Grund sagte ich Ja, und noch bevor ich dieses Wort ausgesprochen hatte, verbanden sie meinen Knöchel, gaben mir Nahrung und Wasser und sprachen mit mir erneut über das Rennen: wieviel ich verpasst hätte und wie sehr sie mich bräuchten.

„Wir möchten, dass du den Rest der Strecke mit uns läufst. Es wird wirklich spannend, und es ist nicht mehr weit!"

Etwas in mir, das tot war, erwachte zu neuem Leben. In meiner Brust entzündete sich aufs Neue ein Feuer. Mein Knöchel schmerzte zwar noch immer, aber es war mir egal. Ich wollte einfach nur wieder unbekümmert mit ganzem Herzen laufen, weil sie mich an den Grund erinnert hatten, aus dem wir laufen.

Ich laufe, um Gott, meinem Vater, Ehre zu geben – Gott, der mir eine Vision und eine Hoffnung gab, als ich unwürdig war und kaputt am Straßenrand stand. Und jetzt hält unser Außenseiterteam bei jedem Läufer an, den wir am Straßenrand erblicken. Wir halten an und bieten ihnen dieselbe Heilung und Hoffnung an, die uns angeboten wurde. Ich spüre, wie Gott es gefällt, wenn wir laufen und dann für jene anhalten, die am Wegesrand liegengeblieben sind.

Etwas in mir sehnt sich körperlich nach dem letzten Teil dieser Geschichte. Ich sehne mich nach Freiheit zum Laufen. „Durch Christus sind wir frei geworden, damit wir als Befreite leben. Jetzt kommt es darauf an, dass ihr euch nicht wieder vom Gesetz versklaven lasst" (Galater 5,1).

Du bist ein gutes Rennen gelaufen. Wer hat dich verletzt? Wie bist du vom Weg abgekommen?

Vier Ausgangspunkte

Wir alle beginnen unsere Suche nach einer größeren Bestimmung an unterschiedlichen Ausgangspunkten, und wir alle brauchen während dieses Prozesses verschiedene Dinge. Dieser Weg wird für jeden Menschen, der diese Erfahrung durchlebt, einzigartig sein. Es ist wichtig, dass du dir darüber klar wirst, wo du in unserem Rennen stehst.

Abgestumpft

Womöglich stehst du am Straßenrand, oder vielleicht bist du noch immer im Rennen. Du weißt nicht, ob du gemäß deiner Bestimmung lebst oder nicht. Du bist beschäftigt, hältst durch und bist irgendwie zufrieden. Vielleicht bist du manchmal gelangweilt, aber im Großen und Ganzen ist dein Leben erfüllt, und du bist niemand, der Dinge übermäßig analysiert. Womöglich wachst du gerade auf und sehnst dich schmerzlich nach mehr, aber allein dieser Satz macht dich schon nervös.

Vermutlich stellst du dir folgende Fragen:

- „Sollte ich mich nicht einfach dankbar fühlen für das, was ich habe, anstatt mehr zu wollen?"
- „Was ist falsch daran, sich wohlzufühlen und glücklich zu sein?"

- „Reicht es nicht, meinen Glauben an der Stelle weiterzuleben, an der ich mich jetzt befinde?“

Wenn du diese Fragen hast, würde ich dir Folgendes sagen: „Alles auf der Welt hat seine Zeit… Suchen und Finden, Aufbewahren und Wegwerfen, Zerreißen und Zusammennähen, Schweigen und Reden“, und so weiter (Prediger 3,1;6–7).

Vielleicht ist dies deine Zeit des Zerreißens und deine Zeit des Suchens, Redens und Nachdenkens. Ich möchte, dass du darüber nachdenkst, dass es auch mehr für dich geben könnte. Denn es ist mir lieber, du bist eine Zeit lang unsicher und wirst anschließend sicher, dass du Gottes Willen befolgst, als am falschen Ort zufrieden zu sein.

Durstig

Du stehst am Straßenrand, und du wartest darauf, dass jemand kommt und dir den Weg zurück ins Rennen weist. Du bist verletzt. Innerlich sehnst du dich nach mehr. Du flehst um eine deutlichere Vision als die, die du gerade siehst. Aber du weißt nicht, ob dein rastloses Herz dein Feind ist, der dich verunsichert, oder dein Freund, der dich zu größeren Dingen hindrängt. Du bist unzufrieden, aber du weißt nicht, was du dagegen tun kannst. Du fragst dich: „Gibt es noch mehr? Und wenn ja, wie finde ich es?“

Vermutlich stellst du dir folgende Fragen:

- „Ist es falsch, mehr zu wollen?“
- „Hat Gott eine geheime Bestimmung für mich, die mir entgeht?“
- „Was ist, wenn es keine klare Richtung gibt? Was dann?“

Der Apostel Paulus schrieb aus dem Gefängnis: „Lebt so, dass Gott dadurch geehrt wird; er hat euch ja berufen, seine Kinder zu sein“ (Epheser 4,1).

Paulus spürte Zeit seines Lebens eine innere Rastlosigkeit. Er tat inbrünstig das Werk Gottes und forderte uns auf, dies ebenfalls zu tun. Ich weiß nicht, ob dein Herz rastlos ist, weil es sündig ist, oder ob diese Rastlosigkeit von Gott kommt. Aber ich weiß, dass Gott mich oft aufweckt und in mir den Wunsch nach mehr aufkommen lässt, indem er mich einen tiefen Unmut spüren lässt und in mir ein unruhiges Gefühl der Unzufriedenheit auslöst. Oft ist es so gewesen, dass Gott auch tatsächlich mehr für mich bereithielt, wenn ich mich danach sehnte. Wir werden uns mit all diesen Fragen noch befassen, daher lass diese Rastlosigkeit in dir ruhig erst einmal zu.

Frei laufen

Manche von euch sind voll dabei. Ihr spürt eure Bestimmung. Ihr lauft mit vollem Einsatz Gott hinterher, seid gehorsam, und ihr habt gesehen, wie Gott um euch herum etwas bewegt. Ihr wisst, für welche Aufgaben ihr geschaffen wurdet, und vielleicht führt ihr sie auch schon aus. Ihr habt bereits eine Zeit durchlebt, in der ihr euch abgestumpft oder zufrieden gefühlt habt und dann wiederum fühltet ihr euch rastlos und fandet mehr. Das Leben ist voll und hart, aber auch reich und erfüllend.

Vermutlich stellst du dir folgende Fragen:

- „Betrifft mich das alles hier überhaupt?“
- „Ich kenne bereits die Antworten auf viele dieser Fragen, warum sollte ich also noch weiterlesen?“

Lasst uns alles ablegen, was uns in dem Wettkampf behindert, den wir begonnen haben – auch die Sünde, die uns immer wieder fesseln will. Mit Ausdauer wollen wir auch noch das letzte Stück bis zum Ziel durchhalten. Dabei wollen wir nicht nach links oder rechts schauen, sondern allein auf Jesus. Er hat uns den Glauben geschenkt und wird ihn bewahren, bis wir am Ziel sind… damit auch ihr in Zeiten der Verfolgung nicht den Mut verliert und aufgebt. Hebräer 12,1–3

Einige meiner Freunde, die dieses Rennen mit größtem Einsatz laufen, haben mir gesagt, sie bräuchten dieses Buch mehr als alles andere, weil wir alle dazu neigen, Dinge zu vergessen.

Ich bin immer wieder an allen drei Punkten gewesen, und auch dir wird das passieren. Wir beginnen das Rennen, das wir laufen sollen, und dann merken wir nach fünf Kilometern, dass wir uns versehentlich für einen Marathon angemeldet haben. Und bevor wir es merken, sind wir gelangweilt oder spüren erneut diese Rastlosigkeit in uns.

> Wir beginnen das Rennen, das wir laufen sollen, und dann merken wir nach fünf Kilometern, dass wir uns versehentlich für einen Marathon angemeldet haben.

Ich bete dafür, dass diese Worte dir Wasser für deinen Lauf reichen. Lass sie dich mit neuer Stärke und neuem Fokus erfüllen. Lass sie dich neu an deine Berufung erinnern, damit du weiterläufst und dir nicht die Puste ausgeht. Wir sind noch nicht zu Hause, und ich bete darum, dass dieses Buch dir helfen wird, in deinem Rennen durchzuhalten.

An der Startlinie

Oder vielleicht ist dir klargeworden, dass du Gott noch nicht wirklich kennst, dass du eigentlich noch gar keine persönliche Beziehung zu ihm hast, in der ihr jeden Tag miteinander sprecht und du auf ihn blickst und für ihn lebst. Wenn das der Fall ist, solltest du zuerst den Abschnitt „Wie man Gott finden kann“ am Ende des Buches lesen, bevor du hier weiterliest. Es wird das Beste und Wichtigste sein, was du jemals tun wirst.

• • •

Nun beginnen wir damit, die einzigartigen Fäden zu identifizieren, die Gott dir geschenkt hat. Doch bevor wir damit anfangen, ist es wichtig, dass du weißt, wo du diesen Prozess anfängst.

TEIL 2
DIE LEBENSFÄDEN

KAPITEL 8

DER PROZESS

Zac engagierte sich immer mehr im Dienst für Gott, und Gott segnete seine Arbeit. Aber als wir das theologische Seminar beendet hatten, wartete Zac noch immer auf einen magischen Moment – einen Moment, an dem sich jede Wolke verziehen und Gottes Stimme vom Himmel erschallen würde: „Zac Allen, hiermit bist du offiziell in den Dienst für mich berufen."

Es quälte mich, ihn so zu sehen, und ich betete für ihn, während er innerlich darum rang herauszufinden, für welche Aufgabe Gott ihn geschaffen hatte.

Zac wuchs als Sohn eines Highschool-Footballtrainers im Westen von Texas auf – einer Gegend, in der nur zwei Dinge existieren: Gott und American Football. Für viele sind diese Worte sogar Synonyme. Von Kindheit an wusste er, dass er denselben Weg einschlagen würde wie sein Vater und Footballtrainer werden würde. Als sich jedoch seine Zeit auf dem College dem Ende näherte und er damit rechnete, Kollege seines Vaters werden zu können, wurden seine Pläne durch eine Richtlinie durchkreuzt, die besagte, dass Lehrer nicht an derselben Institution angestellt sein dürfen wie ihre Eltern.

Daraufhin nahm ich an, dass er sich einfach in einer anderen kleinen texanischen Stadt bewerben und dort schnell eine Anstellung finden würde, aber er schien plötzlich zögerlich zu sein.

Während wir Pläne schmiedeten und beteten, sagte Zac eines

Abends: „Mittlerweile denke ich mehr darüber nach, wie ich durch Football andere Menschen für Gott gewinnen könnte, als über Football selbst."

In seinem Elternhaus hatte er früher Hunderte von Servietten voller Xs und Os auf dem Esstisch liegen sehen, mit denen sein Vater Spieltaktiken für das Training am nächsten Tag entworfen hatte. Und obwohl er seinen Dad anhimmelte, war Zac niemand, der sich ständig Footballspiele durch den Kopf gehen ließ, und er war sich auch nicht sicher, ob er das überhaupt wollte.

Nachdem er mehrere Jobs in verschiedenen Firmen gehabt hatte, fing er schließlich langsam und unsicher an, in den hauptamtlichen Dienst für Gott zu gehen. Und einige Jahre später kam er zu der Überzeugung, dass das theologische Seminar der nächste richtige Schritt sei. Aber wenn er auf seine Zukunft blickte, wollte er trotzdem noch die Bestätigung haben, dass das, was er tat, auch wirklich das war, wozu er berufen war.

Doch auch ohne die konkrete Bestätigung bekommen zu haben, gingen wir einfach die nächsten Schritte, die Gott uns vorzugeben schien. Wir waren bereit und auch irgendwie in der Lage, diese Schritte zu gehen, und Gott gab uns, was wir brauchten, um diesen Dienst für ihn zu tun, und dennoch konnten wir unsere Unsicherheit einfach nicht abschütteln. Wir sehnten uns schmerzlich danach, uns selbst besser zu verstehen und zu erkennen, an welchem Ort wir unsere Aufgabe am besten erfüllen könnten. Wir fragten uns, was sich viele von euch ebenfalls fragen: Gott, was willst du von uns?

Dazu kam, dass wir beide erst fünfundzwanzig waren. Wir befanden uns also in einem Alter, in dem die meisten mit vielen Unsicherheiten zu kämpfen haben. Ein Grund dafür ist, dass wir uns selbst noch nicht wirklich kennen.

Wir lernen gerade erst,

- was wir gut können,
- was wir gar nicht gut können,

- wie wir mit unserer eigenen Geschichte anderen Menschen helfen können,
- wie man dem Heiligen Geist nachfolgt,
- wie man kein selbstsüchtiges Gör ist,
- wie man wirklich liebt,
- was unsere Leidenschaften sind.

Aber um fair zu bleiben, muss ich sagen, dass ich auch immer wieder Leute über fünfzig treffe, die die Antworten auf diese Fragen noch nicht gefunden haben.

Ich war mir damals über meine Begabungen zwar einigermaßen im Klaren, aber ich hatte Angst, sie einzusetzen. Ich behielt meine Leidenschaften und meine Lasten für mich. Manchmal fühlte es sich an, als würde meine Brust von all dem, was in ihr war, explodieren. Aber ich war wie gelähmt bei dem Gedanken, was es für eine Frau bedeuten würde, eine Leitungsaufgabe im geistlichen Dienst wahrzunehmen.

Da ich in den konservativen Südstaaten aufgewachsen war, hatte ich nur sehr wenige Vorbilder, die ähnliche Begabungen wie ich hatten und diese im hauptamtlichen Dienst souverän einsetzten. In einem Jahr würde ich das theologische Seminar als junge Ehefrau und Mutter verlassen – begabt, gut ausgebildet, mit einer klaren Berufung von Gott und drei kleinen Kindern. Was sollte ich aus all dem nur machen?

Ich weiß noch, wie Zac etwas neidisch darauf blickte, wie deutlich ich wusste, was meine Berufung war und wofür ich brannte, während ich etwas neidisch auf die scheinbare Freiheit und die Möglichkeiten blickte, die sein Geschlecht ihm bot. Wir taten unser Bestes, uns gegenseitig zu unterstützen, aber wir waren beide einfach nur zutiefst unsicher, wo in aller Welt unser Platz sein sollte und was unsere Bestimmung war.

In dieser diffusen Zeit nahm uns ein Mentor – jemand, der sah, wie unsicher wir waren – beiseite und empfahl uns, einen intensiven

Prozess namens LEAD zu durchlaufen, den unser theologisches Seminar entwickelt hatte. LEAD hat das Ziel, Berufungen zu Leitungsaufgaben im Dienst für Gott zu klären. Das Programm war sehr teuer und zeitintensiv, aber es schien uns genau das zu versprechen, was wir am meisten brauchten: Richtung. Also taten wir das, was viele Mittzwanziger tun, wenn sie sich etwas nicht leisten können: Wir riefen unsere Eltern und Großeltern an und baten sie um finanzielle Unterstützung.

Dank ihrer Großzügigkeit starteten wir in eine Woche voller intensiver Analysen und Beratung, um zu entdecken, was wir mit unserem Leben anfangen sollten.

Heute kann ich sagen, dass ich dieses Buch jetzt nicht schreiben würde, wenn diese Woche nicht unser Leben verändert hätte. Einiges von dem, was wir entdeckten, war so entscheidend für unsere Jüngerschaft, dass ich davon überzeugt bin, dass jeder Gläubige einen ähnlichen Prozess durchlaufen sollte.

Ängste wurden bekämpft, Begabungen und Berufungen geklärt, und es wurde eingegrenzt, wohin uns unser Weg führen sollte.

Wie ich zuvor erwähnt habe, schreibt Tim Keller, dass wir als Menschen alle verschiedene Rohmaterialien besitzen. Und der Zweck unseres Lebens sei es, unsere Rohmaterialien so weiterzuverarbeiten, dass daraus etwas Hervorragendes zum Wohle der Menschheit entsteht.[1]

Zuerst müssen wir verstehen, welche Rohmaterialien uns gegeben wurden. Diese Materialien – die ich zuvor als Fäden bezeichnet habe – werden uns von Gott und für Gott gegeben. Und wir wurden dafür geschaffen, uns mit ihnen auszutoben, daher ist es ein lohnenswerter Prozess, unsere Fäden zu entdecken und zu entwirren.

Diese Vorstellung lässt sich als einfache Gleichung darstellen (hier sollte ich erwähnen, dass ich ganz gewiss nicht formelhaft bin, aber ich möchte, dass du deutlich verstehst, worauf ich hinauswill):

Gottes Geschichte + meine Fäden + die Not der Welt + der Heilige Geist = meine Bestimmung.

Und hier die ungekürzte Version der Gleichung: Die Geschichte Gottes in der Bibel + das Verständnis von mir selbst und meinen Ressourcen + die Wahrnehmung der Not um mich herum + das Geheimnis, wie man sich der Führung des Heiligen Geistes anvertraut = das gehorsame Umsetzen unserer Bestimmung. (Vielleicht – kein Versprechen.)

Was besitzt du?

Meine Hoffnung ist, dass du zu einem umfassenden Verständnis davon gelangst, wie du geschaffen wurdest, welche Geschichten dir gegeben wurden, welche Wünsche in deiner Seele liegen, welchen Menschen du auf deinem Weg begegnest, an welchen Orten du sein sollst und zu welcher Bestimmung dich der Heilige Geist ruft.

Kurz bevor Jesus eines der bemerkenswertesten und schönsten Wunder seines irdischen Lebens tat, blickte er sich um und sah, dass Tausende von Menschen um ihn herum hungrig waren. Doch statt etwas Neues aus dem Nichts heraus zu erschaffen (wozu er natürlich in der Lage gewesen wäre), fragte er seine Jünger: „Hat jemand etwas zu essen?“[2]

> Es war ein Ausgangspunkt. Es war etwas, aus dem heraus große Dinge entstehen konnten.

Einer seiner Jünger fand einen kleinen Jungen mit ein paar Fischen und Broten. Dann gab Jesus Tausenden von Menschen von dem Wenigen zu essen, das der kleine Junge dabeihatte. Dieser kleine Junge hielt etwas Wertvolles in Händen: Es war ein Ausgangspunkt. Es war etwas, aus dem heraus große Dinge entstehen konnten.

Jeder von uns besitzt etwas. Wir denken zwar nicht viel darüber nach, aber überall um uns herum gibt es hungrige Menschen, und Gott möchte die scheinbar unbedeutenden kleinen Dinge nehmen, die sich in unserem Leben verstecken, um sie zu vermehren und sein Volk damit zu ernähren.

Durch dieses Buch bekommst du die Chance, das, was du hast und was du weißt, einmal vor dir auszubreiten und es Gott anzuvertrauen.

Ich sollte erwähnen: Wir haben zwar keine Ahnung, was Gott uns dazu sagen und zu welchen Schritten er uns auffordern wird, aber wir machen den Anfang, indem wir diese Dinge vor uns ausbreiten und ihm anvertrauen.

Warum ist das wichtig?

Wie wir zuvor gesagt haben, würden wir unser Leben gerne bewusst leben. Denn wenn wir uns darum nicht bemühen, werden wir unsere Minuten, unsere Tage, unser Leben vergeuden. Daher könnte es das Wichtigste sein, was wir je in unserem Leben tun, wenn wir darüber nachdenken, wie wir unsere Zeit und Ressourcen ganz bewusst für die Ehre Gottes einsetzen können.

Wenn wir uns selbst im Licht von Gottes Vision sehen,

- werden wir zum Handeln bewegt,
- sind wir in der Lage, Chancen zu ergreifen, wenn wir sie vor Augen haben,
- haben wir einen Kompass, der auf Gottes Bestimmung für unser Leben hinweist,
- sind wir zu der Überzeugung gelangt, dass wir Teil von etwas Größerem sind.

Was brauchst du?

Gebet

Bitte Gott, Erinnerungen in dir zu wecken und dir übernatürliche Erkenntnisse und Einsichten zu schenken, während du diese wichtigen Themen durcharbeitest.

Menschen, die dich gut kennen

Rufe ein paar Freunde oder Familienmitglieder zusammen, die dich gut kennen. Die Familie kann dir helfen, dir Erinnerungen an deine Vergangenheit ins Gedächtnis zu rufen und sie mit dir aufzuarbeiten.

Außerdem können sie dich daran erinnern, worin du als Kind gut warst. Zudem brauchst du Freunde, die dir ehrliches Feedback geben und dich auch mal zur Rechenschaft ziehen können, während du dich im Glauben in eine oder mehrere Richtungen bewegst. Lade sie ein und frage sie, ob ihr dies gemeinsam tun könnt.

Reflexion

Wie ich an früherer Stelle bereits geschrieben habe, ist es wichtig, dass du mit anderen interagierst. Wenn du dies auf deinem Kindle liest, schnapp dir ein Notizbuch und einen Stift. Und selbst wenn du die gedruckte Version dieses Buches liest, brauchst du mehr Platz, um Dinge aufzuarbeiten, als wir dir hier bieten können. Du solltest dies nicht lesen, ohne irgendwo schriftlich darauf reagieren zu können.

All das wird dir helfen, dich auf den Weg zu machen und mit der Angst umzugehen, die unvermeidbar aufkommt, wenn man solch große Schritte nach vorne geht. Denke daran: „In 20 Jahren wirst du mehr enttäuscht sein über die Dinge, die du nicht getan hast, als über die Dinge, die du getan hast. Also löse die Knoten, laufe aus dem sicheren Hafen aus. Erfasse die Passatwinde mit deinen Segeln. Erforsche. Träume."[3]

Keine Frage tief in unserer Seele ist größer als:

„Warum bin ich hier?"

Aber die meisten von uns können das nicht mit voller Überzeugung beantworten, auch nicht die Menschen, die Gott kennen. Vielleicht haben wir eine Ahnung, warum wir hier auf dieser Erde sind – aber warum nahm sich Gott die Zeit, meine Tage und mein Leben bewusst zu gestalten? Wir hoffen, keine Zufälle zu sein, und versuchen zu glauben, dass Gott brillante und besondere Absichten für unser kurzes Leben hat. Aber wir wissen nicht, welche das sind, und tief in uns drin haben wir vermutlich alle Zweifel.

Lass uns diese gewichtige Frage in Angriff nehmen. Aber bevor wir das tun, nimm dir ein bisschen Zeit und denke darüber nach, wo du dich gerade auf dieser Reise befindest.

RÜCKBLICK

Schreibe auf

Blicke auf einige der Dinge aus Teil 1 zurück, die du bereits durchgearbeitet hast, und beantworte folgende Fragen in deinem persönlichen Notizbuch.

- Wovor hast du Angst, wenn du ans Träumen denkst?
- Fühlst du dich gerade unzufrieden? Ist mit dieser Unzufriedenheit der Wunsch nach einer Bestimmung verknüpft?
- Haben dich deine Motive schon einmal davon abgehalten, etwas zu tun, was du für Gott tun wolltest? Um welche Träume ging es dabei?
- Was erhoffst du dir am meisten von diesem Buch?

KAPITEL 9

DAS PROJEKT

Ich habe mal gehört, wir seien die erste Generation, die eine öffentliche Dokumentation ihres Lebens haben wird. Aufgrund von Instagram, Facebook, Blogs, Twitter und E-Mails werden unsere Urenkel wahrscheinlich einmal die Summe unseres Lebens googeln können. Wenn hingegen jemand von uns bei Google nach seinem Urgroßvater sucht, hat er schon Glück, wenn ein Nachruf erscheint.

Die Geschichte unseres Lebens ist die Summe vieler kleiner Teile. Welche Geschichte werden wir erzählen? Natürlich können Bilder und Nachrichten bei Twitter niemals die wahre Geschichte wiedergeben. Die heiligsten Momente unseres Lebens bewahren wir tief in unserem Inneren auf – die Augenblicke, die in unseren Gedanken aufblitzen, in denen unsere Seele so zufrieden wie noch nie war, oder die Zeiten, die wir am liebsten vergessen würden, weil wir nie zuvor oder danach einen derart tiefen Schmerz gefühlt haben. Dies sind die eigentlichen Geschichten unseres Lebens.

Verwirrte Fäden

In den vergangenen Monaten habe ich mit einer Gruppe von Frauen hier in Austin zusammen die Gedanken durchgearbeitet, die ihr im Folgenden lesen werdet, um die verschiedenen Fäden zu identifizieren, die letztlich ihren Lebensplan bilden. Wir haben uns eingehend mit dem Leben von Josef im 1. Buch Mose beschäftigt.

Wie ihr bereits wisst, mussten wir zur gleichen Zeit erleben, wie unsere liebe Freundin Sarah fast gestorben wäre. Aber sie hat überlebt, und nun muss sie langsam wieder laufen und sprechen lernen. Daher flossen in dieser Zeit, in der wir uns mit der Bibel und den großen Fragen hinsichtlich Gottes Plan für uns beschäftigten, auch viele Tränen. In dieser dunklen Zeit wurde Josef für uns zu einer Art Gast an unserer Seite.

Bereits in sehr jungen Jahren erhielt Josef Träume und Offenbarungen von Gott. Einmal träumte er, dass sich seine Brüder und seine Eltern eines Tages vor ihm verneigen würden. Dafür hassten Josefs zehn ältere Brüder ihn und verkauften ihn in die Sklaverei nach Ägypten, während sie ihren Vater in dem Glauben ließen, er sei tot. Später erlebte Josef dunkle Jahre als Sklave im Haus von Potifar, dem er dennoch gewissenhaft diente. Trotzdem beschuldigte Potifars Frau ihn fälschlicherweise der Vergewaltigung, woraufhin er für viele Jahre ins Gefängnis geworfen wurde.

Doch der Traum, den Josef als Kind gehabt hatte, sollte in Erfüllung gehen. Er nutzte seine Gabe der Traumdeutung und half dem Pharao, Ägypten vor einer großen Hungersnot zu bewahren. Josef wurden umfangreiche Befugnisse gegeben, nur der Pharao stand über ihm. Womit seine Brüder und andere Menschen böse Absichten verfolgt hatten, verfolgte Gott gute Absichten, um viele Menschenleben zu retten.

Es gibt so vieles, was wir aus Josefs Geschichte lernen können. Wie er hast auch du Begabungen erhalten. Vielleicht scheint auch dein Schicksal für dich momentan keinen Sinn zu ergeben, und trotzdem können wir in dieser Zeit zu einem besseren Verständnis unserer Begabungen und der Rolle kommen, die sie in Gottes Plan spielen.

Wir sehen zunächst, wie sicher sich Josef im Hinblick auf Gott und seine Begabungen war – dabei war er vielleicht sogar etwas arrogant –, und dann sehen wir, wie er bei seinen älteren Brüdern auf Ablehnung stößt und sie ihn verraten, obwohl sie ihn eigentlich beschützen und nie allein lassen sollten. Wir sehen, wie er sich als Sklave abschuftet, nur um falschen Beschuldigungen ausgesetzt zu werden. Wir sehen, wie er viele Jahre in einer Gefängniszelle sitzt und dabei nicht aufhört, über Gott zu sprechen und ihm zu vertrauen.

Die Geschichte dieses Mannes, der Gott durch sein Leiden hindurch vertraute, auch wenn dieser ihm dessen Sinn nicht offenbarte, lässt uns innehalten und über unseren Schmerz hinaussehen.

Josef war erfüllt von einer Hoffnung, die sogar die schlimmsten Formen von Einsamkeit und Leid entwaffnete. Er war erfüllt von einer Bestimmung, die seine scheinbar sinnlosen Umstände durchdrang. Und dann, am Ende eines Tunnels voll Leid und Isolation, dessen Durchquerung viele Jahre dauerte, brach ein grelles Licht in sein Leben herein. Schließlich konnte er sehen, wofür all diese Schwierigkeiten gut gewesen waren. Für diejenigen von uns, die in ihrer Situation weder das Licht am Ende des Tunnels noch irgendeinen Sinn sehen konnten – und auf dieser Seite des Himmels vielleicht auch nie sehen werden –, war dies eine Kostprobe davon, dass es etwas gab, das größer ist als Schmerz und äußere Umstände.

Gott war Josef weder fern noch war er ihm egal; vielmehr führte er strategisch den brillantesten aller Pläne aus, um Leben zu retten. Und hier in Austin ließ Josef uns unsere Häupter erheben, um uns daran zu erinnern, dass Rollstühle, unausgesprochene Worte, drei kleine Kinder, die die Küsse ihrer Mama vermissten, Eltern über 70, die ihre 35-jährige Tochter pflegten, und eine Scheidung, die ihren Lauf nahm, während Sarah in einem Krankenhausbett lag, ihm nicht verborgen blieben. Er weiß darum, und er wird diese Hölle auf Erden nehmen und uns eines Tages zeigen, wie die Hölle am Himmel mitbaute.

Was ich am meisten an Gottes Art, mit uns zu kommunizieren, mag, ist, dass Gott uns oftmals durch sein Wort Dinge behutsam zeigt, wie zum Beispiel bei Al-Anon. Es ist, als ob wir auf Klappstühlen in einem Kreis voller gebrochener Menschen sitzen, die einen souveränen Gott bezeugen, dessen Wille liebevoll, gut und vollkommen ist – auch wenn wir manchmal nur Chaos sehen. Also werden wir dieses Durcheinander von Lebensfäden, die uns menschlich machen, zu ihm bringen und sehen, ob er sie ordnen kann.

Ich kann dir sagen, dass unsere Gruppe in Austin nicht mehr dieselbe ist wie zu Beginn unserer Reise. Wir haben gekostet, was es heißt, frei zu sein und ein Ziel im Leben zu haben.

Ich startete unsere Gruppe mit dem Hinweis, dass es keine Erfolgsgarantie geben würde: „Ich weiß nicht, ob dieses Projekt funktionieren wird, aber wollen wir es zusammen einfach versuchen?"

Mittlerweile konnte ich beobachten, wie dieser Prozess bei vielen der Menschen in meinem Leben funktioniert hat. Sie waren auf der Suche nach Bestimmung, fühlten sich rastlos, irgendwie abgestumpft, gelangweilt und waren wie auch ich sehr unsicher, ob dieses Projekt einen Teil zu ihrer Heilung beitragen könnte. Aber wir haben uns verändert – wir sind nun befreiter und sehen den vor uns liegenden Weg viel klarer.

Deshalb kann ich mit gutem Gewissen sagen: Gott kann deine Seele, deine Geschichte, deine Begabungen, deine Leute, deinen Ort und deine Passionen entwirren und anfangen, sie zu einem Plan zu verweben, von dem du bislang nicht zu träumen gewagt hast.

Gott kann deine Seele, deine Geschichte, deine Begabungen, deine Leute, deinen Ort und deine Passionen entwirren und anfangen, sie zu einem Plan zu verweben, von dem du bislang nicht zu träumen gewagt hast.

Es wird nicht leicht

Nun nähert sich die Zeit des bequemen Lesens dem Ende, jetzt geht's an die Arbeit. Wenn wir gemeinsam diese besonderen und komplexen Teile deines Lebens angehen, wird Gott in unserer Mitte auftauchen und uns Einsicht und Offenbarung schenken. Dies ist ein Prozess, der eine Weile dauern wird, aber wie meine Freunde und ich wirst auch du verändert aus ihm hervorgehen.

Ich weiß nicht, ob du gerade auf einem Bett sitzt und kurz vorm Einnicken bist, oder ob du im Flugzeug oder am Strand oder in einem Café sitzt oder von kleinen Kindern umgeben bist, die an dir rumzupfen. Jede Reise kostet etwas. Der Weg hin zu unserer Bestimmung ist selten bequem. Also, bist du rastlos genug, um dich auf den Weg zu machen? Hast du genug Hunger nach mehr, um dich an die Arbeit zu begeben?

Bei fast allen Büchern, die ich in die Hand nehme, lese ich nicht mehr als drei Viertel, denn sobald mir klar geworden ist, was der Autor sagen möchte, lege ich es beiseite. Wenn du so bist wie ich, dann lies dieses Buch bitte auf jeden Fall zu Ende. Denn wir haben bei unserer Beschäftigung mit dem Thema erst in den letzten beiden Wochen angefangen zu sehen, was Gott mit den Fäden unseres Lebens getan hat. Daher hör bitte mit dem Lesen nicht auf, auch wenn es Teile auf dieser Reise gibt, die du vielleicht nicht verstehst.

Ach, wie sehr wünschte ich, ich könnte jedem von euch gegenübersitzen. Ich wünschte, ich könnte dir in die Augen schauen und alles sehen, was du aufschreibst – all diese schönen, einzigartigen Lebensfäden, die Gott dir geschenkt hat. Ich würde mit dir weinen, wenn du mir von den schlimmsten Augenblicken deines Lebens erzählst, und ich würde womöglich darüber lachen, wie unsinnig deine Unsicherheit in Bezug auf deine Begabungen ist, die für alle, die dich kennen, doch so offensichtlich sind. Wir würden zusammen darüber beten, wo sich dein Platz in Gottes Geschichte befindet, und wir würden gemeinsam träumen und uns immer wieder gegenseitig auf die Bibel verweisen, um uns daran zu erinnern, dass all dies echt und es wert ist.

Es tut mir leid, dass ich dir hierbei nicht die Hand halten und mit mehr beistehen kann als nur mit Worten. Aber spürst du mich durch diese Worte? Während ich sie tippe, bin ich sehr bewegt, weil ich mir vorstelle, wie du dich auf diese mutige Reise begibst. Und ich bin bei dir, feuere dich an, bete für dich und bitte Gott, in deinem Leben etwas zu verändern, wie er es in meinem Leben und dem meiner Freunde getan hat.

Frieden finde ich darin, dass Gott bei dir ist und das gute Werk fortführt, dass er in dir begonnen hat, und ach, ich bete dafür, dass diese paar Kapitel dir einfach dabei helfen. Dass Gott sich dir offenbart und zu dir spricht und du tiefer in seine Liebe und seine Pläne für dich eintauchst.

Gelobt sei Gott, der Vater unseres Herrn Jesus Christus! Er ist der barmherzige Vater, der Gott, von dem aller Trost kommt! In allen Schwierigkeiten ermutigt er uns und steht uns bei, sodass wir auch andere trösten können. 2. Korinther 1,3–4

Er ist bei dir, er liebt, tröstet und leitet dich, sodass auch du andere lieben, trösten und zu ihm führen kannst.

JOSEFS GESCHICHTE

Bevor wir beginnen, wäre es hilfreich, wenn du dir Josefs Geschichte in 1. Mose 37–50 durchliest. Hier ist ein Schaubild mit den wichtigsten Ereignissen in Josefs Leben:

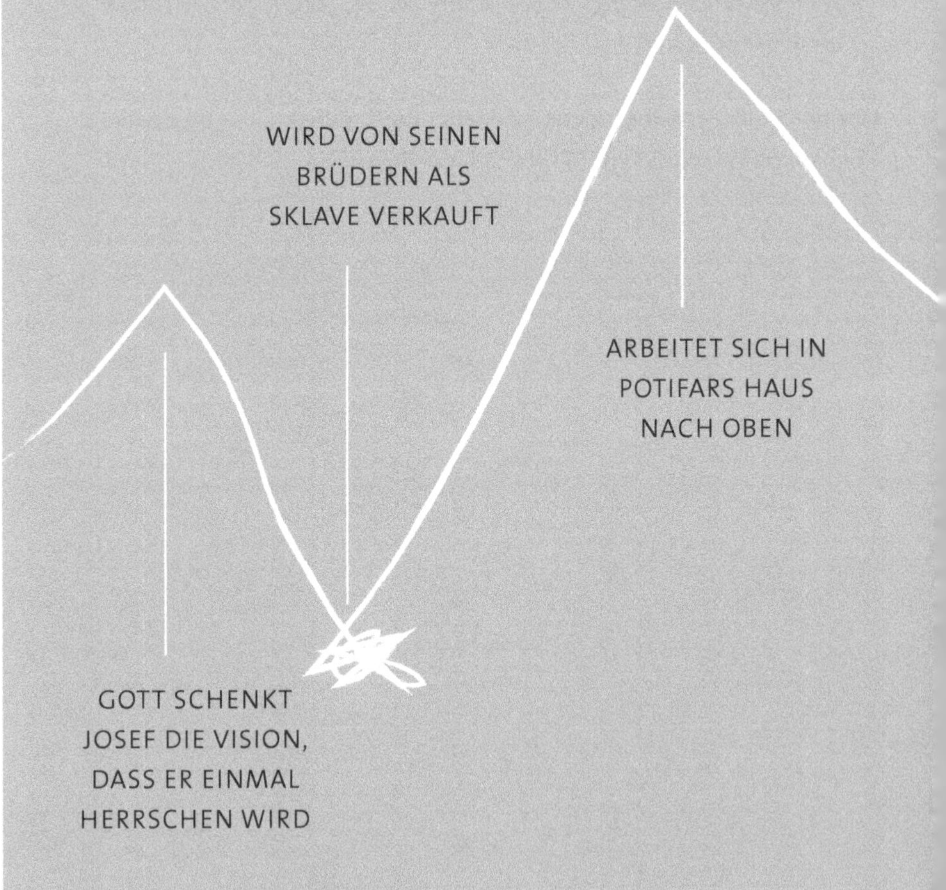

Schreibe auf

Nimm die Bibel, lies Josefs Geschichte und schreibe in dein Notizbuch:

Beschreibe Josefs Reise hin zu seiner Bestimmung.

Beschreibe Josefs Einstellung während dieser Reise.

Wie hat er sich wohl in den Jahren des Leids gefühlt?

Welche Sicht auf Josefs Leid hatte wohl Gott?

KAPITEL 10

DAS FESTE GEWEBE

Mein Sohn Cooper wurde in Afrika geboren und verbrachte dort die ersten dreieinhalb Jahre seines Lebens. Jetzt ist er fünf und hat mit der Tatsache zu kämpfen, dass seine Hautfarbe viel dunkler ist als die des Restes seiner Familie.

Immer wieder streicht er mit seiner Hand über meinen Arm und fragt: „Wo kann ich auch so eine Haut bekommen?"

Das tut mir so weh.

Er kennt die schmerzvolle Geschichte seiner Hautfarbe in unserem Land noch nicht. Jetzt möchte er einfach nur genauso sein wie seine Familie. Dabei ist seine Identität in unserer Familie einzigartig. Er trägt ein Erbe, das jeder von uns zutiefst schätzt, aber das wir nicht teilen.

Daher fragt er mich leise, während wir zusammen in seinem Bett liegen und bevor wir unsere Gebete sprechen: „Warum hat Gott mich in Afrika zur Welt kommen lassen? Warum hat Gott mich in den Bauch einer anderen Mami gesteckt? Warum hat Gott mich geschaffen?"

Ich kann nicht leugnen, dass die Antworten auf viele der Fragen meines Sohnes schmerzlich sind. Die schöne Tragödie einer Adoption wird gewöhnlich davon begleitet, dass jemand verlassen wurde. Und dass Cooper sich nun in einer liebevollen Familie wiederfindet, kann dennoch diese schmerzliche Wahrheit nie ganz verschwinden lassen.

Meistens ist es dunkel, wenn wir im Bett liegen, um miteinander zu beten und zu reden. Und Cooper weiß nicht, dass mir jedes Mal, wenn er mir diese Fragen stellt, Tränen über die Wangen laufen, während ich aus vollem Herzen predige. Ihr könnt mir glauben, ich werde dann zu einer ganz charismatischen Predigerin. Weil ich mir nichts mehr wünsche, als dass Cooper mir glaubt, was ich ihm sage.

„Kein Teil von dir ist zufällig. Gott hat dich geschaffen und dich in den Bauch deiner afrikanischen Mama gesetzt, aber er wusste damals schon, dass ich danach für immer deine Mama sein würde und wir für immer deine Familie. Wir wurden für dich geschaffen und du für uns.

Cooper, du wurdest geschaffen, um der Welt Gott zu zeigen, also hat Gott dir eine ganz besondere Geschichte gegeben, weil er für dich einen ganz besonderen Plan hat. Alles, was Gott dir gegeben hat – dein Afrika, dein Amerika, deine dunkle Haut und deine starken Beine, deine Verletzungen, deine Worte, deine Segnungen, deinen schlauen Kopf –, alles, was du hast, kann Gott gebrauchen, während du hier bist.

Und Gott wird dir zeigen, wie. Bald werden wir für immer bei Gott im Himmel sein, und solange wir hier sind, müssen wir alles, was wir haben, dafür einsetzen, Menschen für Gott zu lieben."

Mein Fünfjähriger muss wissen, dass sein Leben gewollt ist und eine Bestimmung hat. Er will wissen, dass er kein Zufall ist. Ich kann nicht den Schmerz seiner Geschichte wegnehmen, aber ich kann ihm sagen, dass Gott damit etwas vorhat. Wir alle wollen wissen, dass wir keine Zufälle sind. Wir alle wollen wissen, dass sich unsere Geschichten gemäß eines Plans entfalten.

Wir alle wurden mit dem Wunsch tief in unserem Inneren geschaffen, für eine größere Geschichte als die unsere zu leben – die Geschichte des Einen, der uns geschaffen hat. „In das Herz des Menschen hat er den Wunsch gelegt, nach dem zu fragen, was ewig ist" (Prediger 3,11).

Aber Cooper wird erst dann den Sinn in seinem Leben sehen, wenn er diese ewige Geschichte und den Einen versteht, der ihn geschaffen hat und ihn an diesen Ort gebracht hat.

Ich glaube, viele von uns fühlen sich verloren und klein. Das ist ein Teil des Grundes, warum jeder so verzweifelt herausfinden will: „Was ist Gottes Wille für mich?“ Wir wollen wissen, dass unsere Existenz gewollt ist und wir eine Bestimmung haben. Aber wir entdecken Gottes Willen für uns nur in Gottes Willen für diese Erde, für die Ewigkeit und für sein Volk.

Warum sind wir hier? „Durch ihn allein leben und handeln wir, ja, ihm verdanken wir alles, was wir sind“ (Apostelgeschichte 17,28).

Gottes Geschichte über sich selbst

„Jetzt wollen wir den Menschen machen, unser Ebenbild, das uns ähnlich ist. Er soll über die ganze Erde verfügen: über die Tiere im Meer, am Himmel und auf der Erde.“[1]

Also schuf ich den Menschen als mein Abbild, als Gottes Ebenbild; und ich schuf sie als Mann und Frau.[2]

Eure Existenz ist gewollt, und ihr habt eine Bestimmung. Ich habe euch geschaffen und auf diese Erde gebracht, damit ihr anderen meine Liebe zeigt und mein Abbild seid.

Aber ich habe einen Feind.

Und der Feind hat es auf euch abgesehen. Er pflanzte Zweifel in euch – Zweifel, ob ich wirklich Gott bin, und Zweifel, ob ich wirklich gut bin, und Zweifel, ob ich euch wirklich liebe. Und ihr habt auf ihn gehört und euch anstatt für mich für den Tod entschieden.

Aber schon vor der Erschaffung der Welt hatte ich einen Plan. Ich habe euch sogar bereits erwählt, noch bevor ihr geboren wurdet, noch bevor diese ganze Geschichte ihren Lauf nahm. Ich habe euch erwählt, dass ihr in meinen Augen heilig und schuldlos sein solltet. Aber auf der Erde gab es nicht einen von euch, der tat, was recht war und niemals sündigte.[3]

Also entwickelte ich einen Plan, um euch zurückzubekommen.

Ich pflanzte einen Samen, der durch die ganze Geschichte hindurch aufging. Erst kam Abraham, dann Mose, dann David. Ich gab meine Pläne durch Propheten und Priester an euch weiter, wie zum Beispiel den Propheten Hosea, den ich aufforderte, eine Prostituierte zu heiraten.

Ich wollte, dass ihr von meiner Liebe und meiner Sehnsucht nach euch nicht nur hört, sondern sie seht. Ich wollte, dass ihr wisst, dass unsere Beziehung nicht durch eure Sünde vereitelt werden kann; ich wollte zu euch stehen, trotz eurer Sünde. Als die Zeit erfüllt war, sollte die Frucht dieses Samens unseren Feind zerstören – sie sollte seinen Kopf zertreten und meine Kinder, seine Brüder und Schwestern, für mich zurückkaufen.

Lange bevor ich die Grundfesten der Erde legte, dachte ich an euch. Ich hatte beschlossen, euch durch meine Liebe heil und heilig zu machen. Vor langer, langer Zeit beschloss ich, euch durch Jesus Christus in meine Familie aufzunehmen. Weil es mir gefiel und ich es wollte, wollte ich euch das Recht geben, Kinder Gottes zu werden, ohne dass ihr einen Preis dafür bezahlen müsst.[4] *Ich erschaffe Sterne und Universen und alles darin gehört mir, aber trotzdem fand ich Gefallen daran, euch als meine Kinder anzunehmen. Ihr solltet Brüder und Schwestern meines geliebten Sohnes werden, der für eure Sünden sterben würde.*

Es musste Lösegeld bezahlt werden. Nur ein perfektes Lamm konnte die Schuld der Summe eurer Sünde bezahlen.

Weil große Freude auf ihn wartete, bezahlte mein Sohn, Jesus, das Lösegeld mit seinem Blut. Er blutete aus, um euch zurückzukaufen.

Und das ist nur ein kleiner Teil meiner Wege, nur ein kleines Flüstern von mir, denn ich halte für euch etwas bereit, was kein Auge jemals sah und sich kein Mensch vorstellen kann.[5]

Ich weiß, dass ihr hier unzufrieden seid, weil ihr nicht dafür geschaffen wurdet, an diesem vergänglichen, kaputten Ort zu leben. Für einen kurzen Augenblick seid ihr an diesem Ort, an dem ihr unter eurer Last seufzt. Aber schon bald wird das Sterbliche vom Leben verschluckt werden.

Ich habe euch mit dieser Bestimmung geschaffen und euch meinen Geist als Pfand gegeben, als Garantie für das, was noch kommt.[6] *Mein Geist, das bin ich in euch. Ich werde euch nicht verlassen. Ich werde euch für jedes gute Werk ausrüsten, das ich hier für euch geplant habe.*[7] *Und während ihr wartet, werde ich euch trösten. Ich werde euch daran erinnern, dass all dies tatsächlich stimmt.*

Um euch dabei zu helfen, so lange durchzuhalten, bis dass ihr meinen Willen hier erfüllt habt, werdet ihr das erhalten, was ich euch versprochen habe.

„Schon bald wird der kommen, der angekündigt ist. Er wird nicht mehr lange auf sich warten lassen."[8]

Denn euer Ankläger, der euch Tag und Nacht vor mir anklagt, ist gestürzt worden.[9] *Durch das Blut des Lammes und durch die Worte eures Zeugnisses werdet ihr über ihn triumphieren, und weil ihr euer Leben nicht so sehr geliebt habt, um den Tod zu fürchten.*[10]

Ich bin auf dem Weg; meine „Gnade hört niemals auf".[11] *Schon bald werde ich kommen und euch an den Ort holen, an dem ich bin.*[12]

– Gott

Gottes Geschichte ist auch unsere Geschichte. In den „Chroniken von Narnia" beschrieb C. S. Lewis den Löwen Aslan (ein Bild für Jesus) auf wunderschöne Weise:

Als er so sprach, sah Aslan für sie nicht mehr wie ein Löwe aus. Aber was sich danach ereignete, war so groß und schön, dass man es nicht beschreiben kann. Hier endet für uns diese Geschichte. Wir können nur noch sagen, dass sie alle weiterhin glücklich lebten in Narnia. Für sie in Narnia aber war es nur der Anfang der wahren Geschichte. Ihr ganzes Leben in dieser irdischen Welt und alle ihre Abenteuer in Narnia waren nur der Umschlag und das Titelblatt gewesen. Nun erst begannen sie das erste Kapitel der großen Geschichte, die noch keiner auf

Erden gelesen hat, der Geschichte, die ewig weitergeht und in der jedes Kapitel besser ist als das vorhergegangene.[13]

Geschaffen zu seiner Ehre

Es gibt eine Linie, die sich so weit erstreckt, wie man sich nur vorstellen kann, ohne dass ein Ende in Sicht wäre. Und das ist die unendliche Geschichte unseres Gottes, der uns nachging, um uns zu seinen Kindern zu machen. Unser mit einem Pixel vergleichbares Leben ist nur ein winziger Punkt auf seiner Lebenskoordinate.

Die Geschichte meines kleinen Sohnes Cooper und Rahabs und Corrie ten Booms und Abraham Lincolns und Alexanders des Großen und jedes einzelnen Menschen auf der Erde fand und findet im Rahmen von Gottes Geschichte statt. Die Geschichte der ganzen Welt passt in einen kleinen Spalt in der Geschichte Gottes. Und durch diese Geschichte hindurch verfolgt Gott ein großes Ziel.

Um jedoch unsere Bestimmung zu verstehen, müssen wir Gottes äußerstes Ziel verstehen.

Gott geht es am meisten um seine Ehre und Herrlichkeit. Und die Herrlichkeit ist der sichtbare Ausdruck von Gottes Güte und Schönheit auf dieser Erde. Durch sie können wir ihn erkennen.

Der aber größte sichtbare Ausdruck von Gottes Herrlichkeit auf dieser Erde ist Jesus. „Denn ich bin nicht vom Himmel herabgekommen, um zu tun, was ich will, sondern um den Willen des Vaters zu erfüllen, der mich gesandt hat" (Johannes 6,38). Jesus befolgte Gottes Willen für ihn.

Im Hinblick auf Gottes Geschichte haben wir eine riesengroße Verantwortung. Er hat uns erwählt, dass er durch uns sich selbst und seine Güte anderen Menschen zeigen kann. Und wie Millionen von Pixel zusammen eine Fernsehserie darstellen, die meine Kinder gerade im Nebenraum schauen, hat jeder von uns eine einzigartige Berufung, um unserer Welt Gott zu zeigen.

Glaub mir, ich weiß, dass es sich fast schon irrwitzig anfühlt, für Dinge zu leben, die wir nicht sehen können. Deshalb müssen wir uns tief in unserer Seele darüber klar werden, ob wir uns für Gottes Ehre oder für unsere eigene einsetzen wollen. Dies könnte die größte Hürde sein, die wir überwinden müssen, bevor wir gemäß unserer Bestimmung leben können. Egal, wie herrlich dein Pixel hier ist, denk daran, dass wir immer nur ein für kurze Zeit scheinendes Licht sind, wenn wir nicht Teil des Größeren sind, für das wir geschaffen wurden.

So wie unser Leib aus vielen Gliedern besteht und diese Glieder einen Leib bilden, so ist es auch bei Christus…

Selbst wenn der Fuß behaupten würde: „Ich gehöre nicht zum Leib, weil ich keine Hand bin!", er bliebe trotzdem ein Teil des Körpers…

Darum kann das Auge nicht zur Hand sagen: „Ich brauche dich nicht!" Und der Kopf kann nicht zu den Füßen sagen: „Ihr seid überflüssig!"… Nach seinem Willen soll unser Leib nämlich eine untrennbare Einheit sein, in der jeder einzelne Körperteil für den anderen da ist…

Ihr alle seid der eine Leib von Christus, und jeder Einzelne von euch gehört als ein Teil dazu. 1. Korinther 12,12–27

Gott hat uns einzigartig geschaffen, uns verschiedene Begabungen, Geschichten, Orte und Menschen gegeben und ruft uns auf, als Einheit zu handeln. Ob unsere Rolle nun darin besteht, Mutter zu sein, ein Unternehmen zu gründen, die Patenschaft für ein Kind zu übernehmen, einen Boden zu fegen, eine Bank zu leiten oder Kindern das Lesen beizubringen – wir sollten uns dessen bewusst sein.

Sein Geist wird uns Nöte vor Augen führen, und wer sind wir, darüber zu richten, wo und was die größte Not ist? Es geht nicht so sehr um das Was und Wo, sondern darum, dass wir uns selbst überwinden und uns der Nöte annehmen.

Aber leider sind wir alle unbeschreiblich selbstsüchtig. Weshalb wir diese Aufgabe aus eigener Kraft nicht vollkommen schaffen werden. Gott aber überwindet uns und unser verwirrtes, rebellisches Ich mit Christus.

„In dem Sohn zeigt sich die göttliche Herrlichkeit seines Vaters, denn er ist ganz und gar Gottes Ebenbild. Sein Wort ist die Kraft, die das Weltall zusammenhält. Durch seinen Tod hat er uns von unserer Schuld befreit und nun den Ehrenplatz im Himmel eingenommen, an der rechten Seite Gottes, dem alle Macht gehört“ (Hebräer 1,3).

Christus in uns ist unsere Hoffnung auf eine Welt, die wir noch nicht sehen können. Weil er diese Freude vor Augen hatte, ertrug er das Kreuz. Es ist eine Freude, die wir teilen: Wir waren seine Freude, und unsere Freude ist er. Wir freuen uns auf das ewige Zusammensein mit einem Gott, der vollkommen gut ist, und der uns erwählt hat, seine Kinder zu werden.

Ich möchte einen Glauben haben, durch den Gott etwas bewegen kann.

Sicher bei Gott

Das Ruder, das uns auf Kurs hält, ist unsere Identität in Christus. Wenn wir dadurch befreit werden, dass unsere Fehler und unsere Unzulänglichkeiten durch die Heiligkeit und Macht unseres Retters überdeckt werden, lassen wir ein Leben hinter uns, das wir damit verbracht haben, uns selbst zu beweisen. Wir beginnen ein Leben voller Vertrauen zu leben – nicht in uns selbst, sondern in unseren Gott.

Ich möchte, dass Cooper versteht, dass er nicht nur für irgendeine Bestimmung geschaffen wurde, sondern dass er in diese Zeit und an diesen Ort gestellt wurde für die größte Bestimmung, die man sich vorstellen kann. Er wird Gott einer Welt zeigen, die ihn nicht kennt – auf seine schöne und einzigartige Art und Weise. Er wird Licht in die Dunkelheit hineintragen. Er wird die Bausteine seines Lebens zusammenfügen, nicht zu einem Turm für seinen eigenen Namen, der nur einstürzen würde, sondern für den Namen des einen allmächtigen Gottes.

Nun, er ist fünf, und momentan versuchen wir ihm beizubringen, dass man nicht mit Steinen wirft, aber es ist meine Hoffnung – mein Gebet –, dass dies die Predigt ist, die er immer wieder hören wird.

„Der Glaube ist der tragende Grund für das, was man hofft: Im Vertrauen zeigt sich jetzt schon, was man noch nicht sieht" (Hebräer 11,1).

Ich will ehrlich sein: Für diese Geschichte gebe ich mein Leben hin, aber es gibt immer noch Tage, an denen ich mich frage, ob auch wirklich alles wahr ist. Es ist ok, wenn man manchmal ins Wanken gerät. Gott hält uns fest; wir halten uns nicht selbst fest. Wenn dein Glaube schwach ist, bete und bitte ihn um mehr. Mein Gebet lautet so:

Hilf unserem Unglauben, Gott. Gib uns den Glauben, dass deine Geschichte niemals endet und dass wir geschaffen wurden, damit unser Leben ein Teil davon ist. Wir werden Teil der Geschichte Gottes, und ich wünsche mir nichts mehr, als mit dir auf diesem Weg zu laufen – mit einem Gott, der für mich gestorben ist.

Wir sind daran beteiligt, Menschen Gott zu schenken. Das ist absolut cool!

GOTTES GESCHICHTE

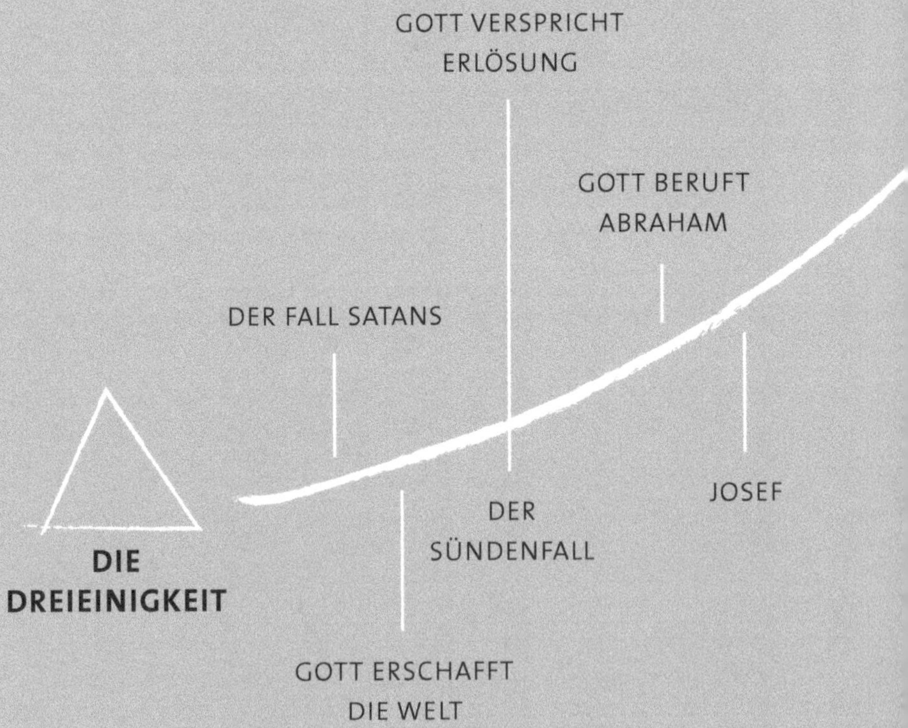

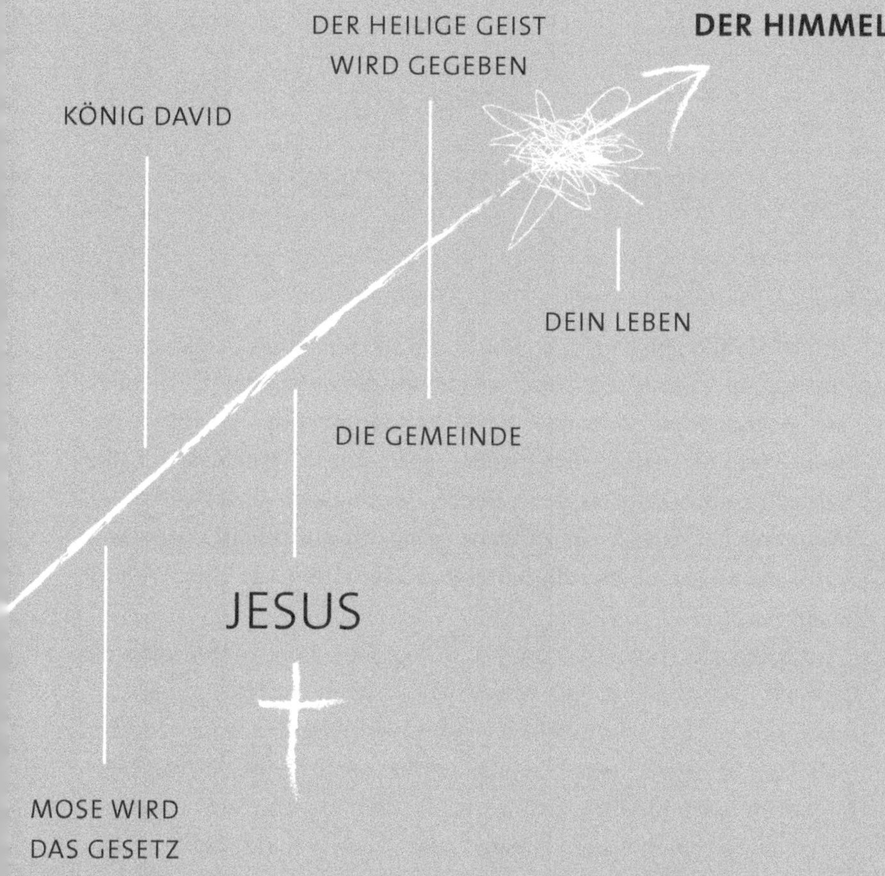

Schreibe auf

Wenn du über dein alltägliches Leben hinausblickst, welche Themen kannst du erkennen?

Was wünscht sich Gott wohl am meisten für deine Geschichte?

Wenn du auf dein Leben im Rahmen dieser größeren Geschichte blickst, welchen Platz erhoffst du dir darin?

KAPITEL 11

DER AUSGANGSPUNKT

Eines Abends, als wir uns gerade in unserem Kurs in Austin mit unseren persönlichen Geschichten auseinandersetzten, meldete sich Margaret zu Wort, um über die Dinge zu sprechen, die sie begeisterten. Sie rückte ihre extravagante, dunkel eingefasste Brille zurecht und beschrieb ihren Beruf, der zugleich ihre Passion ist. Margaret hat es sich zur Aufgabe gemacht, mithilfe des Mediums Film die Geschichten von leidenden Menschen aus aller Welt zu erzählen.

Als ich sie fragte, warum sie ihre Arbeit liebe, antwortete sie schnell: „Ich möchte, dass Menschen wirklich gehört und verstanden werden. Dass sie gesehen werden. Und die Zuschauer möchte ich dazu bewegen, etwas zur Heilung ihres Schmerzes beizutragen."

Sie bezweifelte aber, dass diese Passion irgendetwas mit ihrer eigenen Geschichte zu tun habe. Also baten wir sie, uns ihre Geschichte zu erzählen.

Sie zeigte nur wenige Gefühle, als sie ihre Kindheit in einem Zuhause ohne Eltern schilderte. Sie war die älteste von drei Geschwistern; ihr Vater hatte die Familie verlassen, als sie noch sehr jung gewesen war. Ihre Mutter war nicht gesund und ließ die Kinder manchmal Monate lang allein, ohne dass sie wussten, wo sie war. Ihre Großeltern wohnten zwar nebenan und halfen ihr ein bisschen, aber Margaret hatte die Bürde zu tragen, sich um ihren kleinen Bruder und ihre kleine Schwester zu kümmern.

Wir waren alle sprachlos, und es flossen einige Tränen, als wir versuchten, uns ein Zuhause ohne Eltern und nur aus drei Kindern bestehend vorzustellen, die abends allein das Licht ausmachten, die Türen verschlossen und sich selbst ins Bett brachten.

Aber Margaret weinte nicht und winkte ab: „Halb so schlimm. Uns ging es gut. Wir hatten immer, was wir brauchten."

Ich flüsterte die einzigen Worte, die mir in den Kopf kamen. „Margaret – das ist doch schlimm. Es tut mir so leid."

Und dann begann auch sie zu weinen. Sie hatte gelernt, mutig zu sein, sich nicht zu beschweren und hart zu arbeiten. Hätte sie geweint – wer hätte sie schon trösten können? Wir taten unser Bestes, ihr einen sicheren Raum zu bieten, in dem sie ihren Tränen freien Lauf lassen konnte.

Dann sagte einer von Margarets engen Freunden: „Kannst du wirklich nicht erkennen, dass deine Leidenschaften aus deiner Geschichte hervorgegangen sind?"

Noch immer schüttelte sie verneinend den Kopf, und wir alle schüttelten unsere Köpfe, weil wir nicht glauben konnten, dass sie nicht sehen konnte, was uns förmlich anschrie.

„Du hast dein ganzes Leben lang dafür gearbeitet, unsichtbare Menschen sichtbar zu machen – ihnen Gehör zu verschaffen. Und du bewegst andere dazu, etwas gegen die Nöte dieser Menschen zu tun."

Sie lehnte sich zurück; der Gedanke war ihr unangenehm, aber sie ließ ihn in sich wirken.

Was wäre, wenn Gott mit den dunkelsten Momenten deines Lebens eine gute Absicht verfolgen würde?

Und was wäre, wenn in deinen Augenblicken reinsten Glücks dein größter Beitrag für diese Welt läge?

Gott spricht zu uns durch Geschichten, denn auf diese Weise verstehen wir am besten, was am wichtigsten ist.

Die Koordinatenlinie, die auf ein Ziel hinweist

Diese Koordinatenlinie, über die wir geredet haben – die, auf der wir alle ein Pixel sind – ist eine fließende Linie, die Bewegung symbolisiert; eine Linie, die praktisch kein Ende hat. Sie ist ein Pfeil, der auf etwas zeigt. Er führt auf etwas hin. Wenn wir also kein Zufall sind und die Ereignisse in unseren Leben ebenfalls nicht, dann führt alles auf etwas hin.

Nehmen wir Josef als Beispiel: Nie war er zur falschen Zeit am falschen Ort, obwohl ihm manches falsch vorgekommen sein muss (wie zum Beispiel seine Zeit im Gefängnis). Gott führte ihn durch eine Reihe von Ereignissen, die alle einem großen Zweck dienten. Sie alle brachten ihn zu einer bestimmten Zeit an einen bestimmten Ort, aber gleichzeitig formten sie auch einen Mann, den Gott gebrauchen konnte.

Sicher, unsere Geschichte führt uns hin zu unserer Bestimmung, aber sie macht uns auch zu Menschen, die stark genug sind, ihre Bestimmung zu erfüllen.

Brennan Manning schrieb:

Vergeblich versuchen wir, unsere Vergangenheit auszulöschen, und enthalten damit der Gemeinschaft unser eigenes Geschenk vor, mit dem wir anderen zur Heilung helfen könnten. Wenn wir aus Angst oder Scham unsere Wunden verbergen, kann unsere innere Finsternis weder erhellt noch zu einem Licht für andere werden ... Die Hoffnung weiß, dass große Dinge ungetan bleiben, wenn wir großen Anfechtungen aus dem Weg gehen, und das Wachstum damit gehindert wird.[1]

Bei Margaret und ihrer Berufung, die Geschichten anderer Menschen zu erzählen, war es nicht anders als bei Josef oder Batman oder jemandem von uns. Die Ereignisse in Margarets Leben haben sie geformt. Ihr eigenes Leid bewegte sie dazu, sich anderer anzunehmen; und sie fand die größte Erfüllung darin, der Welt die großen Nöte zu zeigen, die in ihr selbst nicht gestillt wurden. Gott wirkte zum Guten und sogar auf die Rettung von Leben hin. Josef begegnete der Not in Ägypten und Batman der in Gotham City, weil

- sie einzigartige Begabungen hatten, mit denen sie dieser Not begegnen konnten;
- ihr Mitgefühl und ihr Charakter durch ihr eigenes Leid geformt worden waren;
- sie auf ihrem Weg den richtigen Menschen begegneten;
- Gott sie an die richtigen Orte brachte, auch wenn sie sich in dem Moment nicht richtig anfühlten
- ein Eifer in ihnen brannte, der sie weitermachen ließ.

Ich weiß, dass deine Geschichte heilig ist; vielleicht liegen in ihr deine heiligsten Teile verborgen. Ich bitte dich, die schmerzlichsten Momente deines Lebens auszugraben, und wie gesagt würde ich am liebsten körperlich an deiner Seite sein, wenn du genau das tust. Ich weiß auch, dass Erinnerungen manchmal mehr verschwommen als klar sind. Und vielleicht kannst du den Sinn in ihnen noch nicht erkennen.

Ein Bild deiner Geschichte zu erstellen – der Ereignisse, die dich geformt haben –, ist eine kraftvolle und schöne Sache. Es sind deine dunkelsten und deine schönsten Momente aufgereiht auf einer Koordinatenlinie. Du wirst Dinge entdecken, die dir noch nie zuvor aufgefallen sind.

Als Zac und ich damals in einer Frühstückspension am Ende der Welt die Ereignisse zusammentrugen, die uns am meisten bedeuteten, und die Ereignisse, die für uns die schmerzvollsten waren, waren wir beide still. Aber mein Herz raste, denn ich begann etwas zu erkennen. Ich begann zu erkennen, dass jede schmerzliche und jede schöne Sache mich in eine Richtung hinbewegten … dass sogar die herzzerreißendsten Dinge wiederum etwas anderes hervorbrachten. Ich konnte es nicht leugnen.

Ich konnte zurückblicken und zum ersten Mal sehen, dass in diesen Augenblicken die Funken meiner größten Leidenschaften entzündet und genährt wurden. Ich wusste nicht genau, wohin sie mich führen würden, aber ich konnte sehen, dass sie kein Zufall waren. Dies war eine gute Geschichte – womöglich sogar eine große.

Schwierige Lieder

An einem Sonntagabend saßen Sarah und ich kurz vor ihrem ersten Schlaganfall zusammen in unserer Gemeinde. Es war die Zeit, in der sie mitten in ihrer Scheidung steckte, obwohl sie mit Beten und Fasten darum gerungen hatte, dass sie nicht geschehen würde. Ich konnte spüren, wie sie neben mir weinte, und sie konnte spüren, dass auch ich weinte. Und trotzdem sangen wir mit erhobenen Händen, während unsere Tränen flossen, und lobten Gott, unseren Herrn.

Ich weiß nicht, was vor dir liegt und was in deinem Leben noch geschehen mag, aber ich bete dafür, dass wir größere Gründe finden, um zu singen: „Komm und lobe den Herrn" – egal, wie die Geschichte gerade aussieht. Vielleicht lehrt uns Gott, im Schmerz und in der Freude zu singen, während er aus all dem etwas Schönes macht.

• • •

Als ich eines Nachmittags im vergangenen Winter etwas bei Sarah abgeben wollte, verließ sie gerade ihr Haus mit ihrem Computer unterm Arm. Sie fühlte sich nicht wohl bei dem Gedanken, bald Weihnachtskarten verschicken zu müssen; ihre ungewollte Scheidung war fast abgeschlossen, und deshalb würden es die ersten Karten ohne ihren Ehemann sein. Sie drehte ihren Computer um und zeigte mir eine traurige, zufällige Zusammenstellung von iPhone-Fotos ihrer Kinder mit dem Schriftzug „Frohe Weihnachten" und fragte mich, wie sich es fände.

Ich antwortete ihr: „Schrecklich."

Erst runzelte sie die Stirn, dann lachte sie und schaute erneut auf ihre traurige kleine Karte und sagte: „Ach ja, ich weiß."

„Warum gibst du mit der Karte kein Statement ab, Sarah? Jeder, der dich liebt, weiß, dass du gerade die härteste Zeit deines Lebens durchmachst. Komm, nimm ein bisschen Geld in die Hand, lass ein paar tolle Fotos mit deinen Kindern machen und zeige jedem, der die Karte öffnet, dass Gott dir durch all dies hindurchhilft. Wenn du eine Karte verschickst, dann nutze die Gelegenheit. Teile der Welt etwas mit."

Ein paar Wochen später, an dem Tag, an dem Sarah ihren ersten schweren Schlaganfall hatte, öffneten Hunderte von Freunden und Familienmitgliedern ihre Briefkästen und fanden ihre Weihnachtskarte. Sie zeigte schöne Bilder ihrer Kinder – die Art von teuren Bildern, die Geschichten erzählen. Und unter ihren Gesichtern stand der Vers: „Deine Liebe bedeutet mir mehr als mein Leben! Darum will ich dich loben" (Psalm 63,4).

Sie hatte der Welt etwas mitgeteilt.

Sarah singt noch immer. Zwar funktioniert ihre Stimme noch nicht und wird es vielleicht nie mehr, aber ihre Augen singen mit einem Frieden, den keiner von uns versteht. Und ihre Geschichte singt, während Tausende von Leuten an ihrem Genesungsprozess Anteil nehmen. Sie sehen zu, wie ihre Seele den Herrn lobt, ohne Stimme und mit gebrochenem Körper. Aber ihre Geschichte weist auf die Herrlichkeit hin. Sie weist auf das „Mehr" hin, auf das wir alle so verzweifelt hoffen und von dem wir manchmal auch glauben, dass es wirklich existiert.

DEINE GESCHICHTE

GEBURT

Schreibe auf

01 Suche ein Highlight aus jeder Lebensphase heraus, einen Moment, an dem du Freude an dem hattest, was du tatst. Wann gab es Zeiten, in denen du dich stolz und zufrieden gefühlt hast? Notiere dies in deinem Notizbuch.
Zum Beispiel: Malen mit Opa

0 – 6
7 – 12
13 – 18
19 – 24
25 +

GEGENWART

02 Suche aus jeder Lebensphase ein Ereignis heraus, das dir Leid bereitet hat.
Zum Beispiel: Scheidung meiner Eltern

0 – 6

7 – 12

13 – 18

19 – 24

25 +

03 Jetzt übertrage deinen Pfeil in dein Notizbuch und trage dort diese Zeiten ein.

KAPITEL 12

DIE VIELFALT UNSERER GABEN

Während wir wieder einmal in unserer Bibelstudiengruppe in Austin zusammensaßen, rückten Jessica und Hannah ihre Stühle zusammen. Dabei hielt Jessica ihre Notizen, die ihre heiligsten Lebensereignisse enthielten, fest an sich gedrückt. Als sie sich noch einmal die Auflistung der Zeiten ansah, in denen sie in ihrem Leben völlige Zufriedenheit verspürt und gefühlt hatte, dass Gott gefiel, was sie tat, merkte sie, dass sie alle etwas mit einer Bühne zu tun hatten. Die Rolle in einem Schulmusical, die Wahl zur Schulsprecherin, ein Vortrag auf einem Leitungskongress.

Und nun war der Augenblick gekommen, in dem sie Hannah, die sie jedoch kaum kannte, von ihren Erkenntnissen erzählen sollte.

Also lachte sie zynisch auf und sagte: „Ich bin mir nicht sicher, ob diese Augenblicke nun meine Begabungen oder doch eher meine Selbstsucht widerspiegeln."

Ich sah, wie Jessica bezüglich ihrer Bestimmung innerlich um Klarheit rang. Aber ich hatte bei ihr bereits ganz viele tolle Eigenschaften beobachtet, denn wenn diese junge Frau betet oder andere lehrt, betet der ganze Raum Gott an. Außerdem strahlt sie authentische Leidenschaft aus. Und doch hat Jessica Angst vor sich selbst. Sie ist begabt – sie ist Leiterin, Lehrerin und Visionärin –, aber aufgrund vieler unterschiedlicher Ängste wendet sie ihre Begabungen kaum an. Als wir zusammensaßen, um gemeinsam ihre Ängste ans Licht zu bringen und zu betrachten, brachte sie diese für mich auf den Punkt.

Sie hat Angst, Männer könnten sie als zu stark und zu harsch empfinden, wenn sie als alleinstehende Frau ihre Stärken zu sehr zeigt. Sie hat Angst, zu träumen und Dinge in Angriff zu nehmen und dann zu scheitern oder enttäuscht zu werden. Sie hat Angst vor ihrem eigenen selbstsüchtigen Ehrgeiz oder davor, dass sie sündigen könnte, wenn sie tatsächlich nach Gelegenheiten sucht, ihre Begabungen einzusetzen. Sie fragt sich, ob Gott bei ihr nicht doch einen Fehler begangen hat. Warum sollte er einer Frau all diese Stärken geben?

An diesem Abend sah Hannah sie an und sagte: „Diese Lebensereignisse, in denen du dich so glücklich fühlst – wenn du auf der Bühne stehst oder Menschen leitest – die wären mein schlimmster Alptraum. Dieses Wohlgefühl, das du in diesen Augenblicken empfindest, kommt von Gott."

Später rief Jessica mich an und sagte: „Aus irgendeinem Grund dachte ich immer, alle Leute würden gerne auf der Bühne stehen. Vielleicht ist es meine Aufgabe, nicht länger Angst zu haben, ich könnte die falschen Motive besitzen, und anzufangen, die Begabungen und Leidenschaften einzusetzen, die Gott in mich gelegt hat."

Jessica ist jemand, der alles genau analysiert, so wie ich und viele von euch auch. Wir neigen dazu, einfache, klare Wahrheiten zu überanalysieren. Wir sagen uns selbst, es sei richtig, Angst zu haben. Ich weiß nicht, welche Ängste du hast, aber ich weiß eines: Wenn sie nicht von Gott kommen, kommen sie vom Feind und müssen abgebaut werden.

Wir sagen uns selbst, es sei richtig, Angst zu haben. Ich weiß nicht, welche Ängste du hast, aber ich weiß eines: Wenn sie nicht von Gott kommen, kommen sie vom Feind und müssen abgebaut werden.

Wir sind alle einzigartig und werden von Gott gebraucht. Wenn wir unsere Begabungen verstecken, leugnen, sie mit anderen vergleichen oder sogar wünschen, wir hätten sie nicht, nimmt man nicht nur sich selbst etwas; man nimmt auch Gott etwas weg, seiner Gemeinde und einer Welt, die Gott so dringend nötig hat.

Geschaffen, um zu rennen

In den letzten Monaten hat es sich irgendwie ergeben, dass ich mit meinen Kindern an zwei verschiedenen Orten Go-Kart gefahren bin. Die erste Rennstrecke befand sich in dem Vergnügungspark *Gatti-Town* und hatte etwa die Größe eines kleinen Schwimmbeckens. Die Karts fuhren eigentlich nirgendwo hin, sie stießen auf dieser kleinen umrandeten, erdrückenden Rundstrecke einfach immer wieder aneinander. Es war auch nicht wirklich eine Rennstrecke – eher ein Parkplatz. Eine Fahrt kostete etwa einen Dollar, und nachdem meine Kinder fertig waren, sprangen sie ab und rannten zur nächsten Attraktion, ohne sich noch einmal umzudrehen.

Einige Zeit später wollte ich, während Zac auf Reisen war, mit meinen Kindern einen Ausflug machen. Ich suchte nach Möglichkeiten, wo man Go-Kart fahren konnte, und stieß auf eine neue Rennstrecke außerhalb der Stadt. Also packte ich alle ins Auto, und wir fuhren zu dieser großen Lagerhalle.

Dort angekommen gaben sie uns Helme und fragten, ob wir irgendwelche Herzprobleme hätten. Ähm … wo um alles in der Welt waren wir gelandet? Der Mann an der Anmeldung teilte uns mit, dass uns das kleine Abenteuer insgesamt über 100 Dollar kosten würde. Und weil wir den ganzen Weg extra hergefahren waren, gingen wir auf diesen Handel ein. Zum Glück waren meine zwei Jüngsten zu klein für das, was nun stattfinden würde.

Um den totalen Frust abzuwenden, bezahlte ich widerwillig zwei Tickets für meine Elfjährige und meinen Dreizehnjährigen. Und die zwei Kleinen und ich nahmen auf der Zuschauertribüne Platz, um Zeugen eines unglaublichen Rennens zu werden. Sie wurden in den Go-Karts angeschnallt, und dann traten sie aufs Gaspedal und jagten sich mit einer horrenden Geschwindigkeit über die fast zwei Kilometer lange Strecke. Sie waren absolut frei, voller Mut und rasten drauflos, doch während ich ihnen zusah, stockte mir der Atem.

Es war die beeindruckendste Go-Kart-Strecke, die ich je gesehen habe.

Gelegentlich fuhren die beiden gegeneinander oder in die seitlichen Begrenzungen, aber die meiste Zeit rasten sie die Strecke entlang und hatten die beste Zeit ihres Lebens. Dieses Rennen werden sie nie vergessen.

Ich glaube, die meisten von uns haben einen Dollar bezahlt und fanden sich in irgendeinem trägen Gummiauto wieder, das ständig auf andere auffuhr.

Aber was wäre, wenn …

Was wäre, wenn die Dinge, die du gerne tust, Gottes Willen entsprächen?

Was wäre, wenn du gottgegebene Begabungen hättest und er möchte, dass du dich mit ihnen austobst?

Was wäre, wenn du eigentlich für eine Rennstrecke geschaffen wärst, aber dein Lager auf einem Parkplatz aufgeschlagen hast?

Ich habe mit so vielen Menschen gesprochen, die auf einem Parkplatz herumfahren, und sie können selbst nicht verstehen, warum sie sich so unzufrieden fühlen. Aber sie haben Angst, dass Folgendes passieren könnte, wenn sie auf einer echten Rennstrecke Vollgas geben würden:

Sie könnten keinen sinnvollen Beitrag leisten.

Sie könnten zu schnell sein – und die Kontrolle verlieren.

Sie könnten scheitern.

Sie könnten etwas kaputt machen.

Die anderen Menschen könnten sie verurteilen.

Josef hatte einen verrückten Traum. Er war ein junger Mann, und er sagte seinen Brüdern, dass sie sich eines Tages vor ihm verneigen würden. Er war sich seiner Begabungen deutlich bewusst. Er wusste, dass er Träume deuten konnte. Er wusste, dass seine Traumdeutungen von Gott kamen, und er wusste, wie sie zu interpretieren waren. Und er wusste, dass sie wahr werden würden. Zunächst glaubte er, seine Begabung würde dem Zweck dienen, ihm eigene Ehre zu bringen und dass dies sogar von Gott so gewollt sei.

Am Anfang ging Josef mit seiner Begabung etwas unreif um –

wahrscheinlich hätte er einen solchen Traum seinen älteren Brüdern nicht einfach so unter die Nase reiben sollen. Ich stelle mir vor, dass diese Zeit für ihn ähnlich wie die Situation auf dem Parkplatz war. Er war frech und arrogant und benutzte seine gottgegebene Begabung für seine eigenen Zwecke. Mit ihr stieß er seine Brüder vor den Kopf.

An jenem Tag in seiner Jugend, als er zum ersten Mal diese Vision hatte, so deutlich und unbeschwert und voller Ruhm und Herrlichkeit, war er von ihr ganz fasziniert. Er liebte diese Vision; sie war großartig. Er würde die Welt verändern, und alle würden sich vor ihm verneigen. Es war ein guter Tag – ein Tag, wie du ihn vielleicht auch schon gekostet hast, mit seltenen Momenten, in denen man seine Begabungen erkennt, eine Vision hat und Klarheit spürt. Du hast eine Vision, und dann … Stille.

Er sollte viele Jahre warten müssen, ohne dass diese Vision auch nur ansatzweise wahr zu werden schien. Niemand verneigte sich vor ihm. Im Gegenteil – er wurde gedemütigt, verspottet, gehasst. Während der Zeit des Wartens musste Josef sich entscheiden, ob er Gott liebte, ungeachtet dessen, was geschehen mochte, ungeachtet seiner Geschichte, ungeachtet seiner Umstände. Würde er sich zu diesem Gott halten?

Mittlerweile denke ich, dass Gottes Lieblingswort im ganzen Universum das Wort warten ist.

Mittlerweile denke ich, dass Gottes Lieblingswort im ganzen Universum das Wort „warten" ist. In der Bibel verwendet er es nicht oft, aber wir alle wissen, dass es stimmt. Er liebt es, uns alle warten zu lassen. Alles hat seine Zeit, und ein schnelles Rennen auf einer Rennstrecke mit deinen Begabungen und deiner Vision in bunten Farben mag heute noch nicht dran sein. Aber in dieser Wartezeit handelt Gott trotzdem.

All dies hat einen Sinn; es gibt eine Rennstrecke mit seitlichen Begrenzungen, und es gibt einen Grund, weshalb Gott uns Begabungen schenkt. Wir werden es genießen, dieses Rennen zu fahren, während Gott uns gebraucht, aber der größte Zweck unserer Begabungen ist, andere Menschen durch sie aufzubauen. Dies kann bedeuten, dass Gott uns auch hin und wieder eine Zeit auf einem Parkplatz verbringen lässt.

Gott möchte, dass wir alle als unterschiedliche Teile eines Körpers etwas zu seinem Werk beitragen. Aber dabei haben wir keinerlei Anspruch auf irgendwas. Lies, was Paulus sagt, direkt nachdem er uns gesagt hat, dass wir alle auf einzigartige Weise begabt sind:

Wenn ich in den unterschiedlichsten Sprachen der Welt, ja, sogar in der Sprache der Engel reden kann, aber ich habe keine Liebe, so bin ich nur wie ein dröhnender Gong oder ein lärmendes Becken. Wenn ich in Gottes Auftrag prophetisch reden kann, alle Geheimnisse Gottes weiß, seine Gedanken erkennen kann und einen Glauben habe, der Berge versetzt, aber ich habe keine Liebe, so bin ich nichts. Selbst wenn ich all meinen Besitz an die Armen verschenke und für meinen Glauben das Leben opfere, aber ich habe keine Liebe, dann nützt es mir gar nichts.
1. Korinther 13,1–3

Es kann sein, dass unsere Zeit auf dem Parkplatz dafür gedacht ist, uns Liebe zu lehren. Zwischen dem Erkennen unserer Begabungen und der Entfaltung ihres vollen Potenzials liegen oft lange, ausgedehnte Wartezeiten. Und die Zeiten zwischen dem kurzen Blick auf eine Vision und ihrer Erfüllung können oft schmerzlich lang sein.

Natürliche Fähigkeiten und Geistesgaben

Jeder von uns besitzt natürliche Fähigkeiten, mit denen wir geboren wurden, und Geistesgaben, die wir erhalten, wenn wir zum Glauben kommen und vom Heiligen Geist erfüllt und befähigt werden.

Kehren wir noch einmal zurück zu der Geschichte, als ich neun Jahre alt war und mir nochmal durch den Kopf gehen ließ, wie es gewesen war, meine Cousins und Cousinen in einem kleinen Weihnachtsstück zu Hause anzuleiten. Zu dieser Zeit war ich noch nicht mit dem Heiligen Geist erfüllt. Ironischerweise hatte ich, als wir die Weihnachtsgeschichte nacherzählten, noch nicht erkannt, dass auch ich diesen Retter brauchte, von dem ich schon so viel gehört hatte. Aber Gott hatte in mich bereits natürliche Fähigkeiten gelegt, als Ausdruck seiner Kreativität. Es war Teil seines Plans, eines Tages meine kleinen Begabungen, meine Persönlichkeit und meine Arbeit zu gebrauchen, um meinem kleinen Teil der Welt sich selbst zu zeigen. „Alles, was Gott uns gibt, ist gut und vollkommen" (Jakobus 1,17).

In dem Moment, in dem ich im Alter von 17 Jahren errettet und vom Geist erfüllt wurde, wurde jede meiner gottgegebenen Fähigkeiten verwandelt und erhielt eine bestimmte, neue Ausrichtung. Gott nahm meine natürliche Fähigkeit, andere Menschen leiten zu können, und ich versammelte jüngere Mädchen um mich und begann, sie mein Verständnis von der Bibel zu lehren. Streich das – ich predigte ihnen mein Verständnis der Bibel. Ich hatte eine neue, übernatürliche Gabe des Lehrens erhalten. Ich hatte sie noch nie zuvor wahrgenommen, und es strömte einfach so aus mir hinaus.

Meine natürlichen Fähigkeiten wurden also auf übernatürliche Weise für Gottes Plan eingesetzt, und der Geist schenkte mir eine neue Begabung, die ich verwenden konnte, um seine Herrlichkeit noch umfassender auf dieser Erde zu zeigen.

Lass mich deutlich werden: Jetzt, mit Mitte 30, kann ich auf diese Zeit zurückblicken und dies erkennen. Damals war ich hinsichtlich meiner Begabungen sehr unsicher und verunsichert, ich hatte noch nicht einmal eine Vorstellung davon, was das Wort Geistesgaben überhaupt bedeutet.

Meine Begabungen waren noch ungezügelt und nicht voll entwickelt – wie auch, ich war ja gerade mal 17. Aber bevor du dir nun umwerfende Erlebnisse vorstellst, die Neid hervorrufen, solltest du verstehen, dass das Entdecken von Begabungen und das Wachsen in seinen Begabungen eine lebenslange Reise ist. Manche von euch haben vielleicht eine Ahnung, was ihre Begabungen sein könnten, oder womöglich sind sie dir bereits vollkommen klar. Aber es kann auch gut sein, dass du sogar denkst, du hättest nichts Gutes anzubieten.

Wir werden ein bisschen tiefer graben. Wir werden unter die Oberfläche schauen und sehen, was in dir steckt. Was hat Gott dir gegeben, womit du ihm in diesem Leben Ehre bringen könntest?

Worin bist du einfach echt gut? Ich meine hiermit nicht nur geistliche Dinge. Kannst du gut Geschichten erzählen, oder bist du lustig oder ein guter Musiker? Oder gut in Mathe, kannst gut Probleme lösen oder gut zuhören oder laufen? Oder bist du geschickt mit deinen Händen und kannst so kreative Dinge erschaffen wie jene, die man auf Pinterest sieht? Ich mag dich nicht, wenn du sowas gut kannst … aber ich verstehe schon, dass ich das wohl akzeptieren muss. Meine Schwester und meine Mutter sind hervorragende Gastgeberinnen, tolle Hausfrauen und Designer. Deswegen habe ich mit einem Gefühl von Eifersucht und Unfähigkeit zu kämpfen, wenn ich es nur schaffe, für meine Gäste rosa Limonade in eine gelbe Plastikkanne zu füllen, aber was soll's.

Du solltest dir jetzt Zeit nehmen, über dich nachzudenken und dich dabei mit niemand anderem vergleichen. Außerdem sind jetzt deine Vorstellungen davon, wie es aussieht, für Gott begabt zu sein, unwichtig. Überlege, was du liebst und gut kannst. Wenn du an Jesus glaubst, könnte es eine Begabung sein, die dir Gottes Geist geschenkt hat, um an seiner Gemeinde zu bauen.

Die Freude Gottes

Eric Liddell wurde 1902 als Sohn von Missionaren in China geboren. Seine Geschichte wird in dem Film „Die Stunde des Siegers“ nacherzählt. Eric fühlte sich dazu berufen, sein Leben Gott zu schenken, und mit diesem Ziel ließ er sich ausbilden und plante, so wie seine Eltern Missionar zu werden. Aber Eric hatte eine Begabung. Er konnte laufen, und dafür standen ihm alle Türen offen. Auf dem Weg zu den Olympischen Spielen öffnete sich ihm jede Tür. Als der Film zeigt, wie Eric mit seiner Schwester über seine Berufung und seine Begabungen spricht, sagt er diese berühmten Worte: „Ich glaube, dass Gott mich für einen Zweck geschaffen hat … aber er hat mich auch schnell gemacht. Und wenn ich laufe, dann spüre ich seine Freude daran."[1]

Manche von uns suchen bei sich nur nach übernatürlichen Begabungen wie Prophetie oder Heilen. Aber was wäre, wenn du einfach nur schnell bist? Was wäre, wenn du eine tolle Musikerin bist? Wenn du ein hervorragender Buchhalter bist? Was wäre, wenn du Gottes Freude spürst, wenn du Gebäude entwirfst oder Zeitpläne gestaltest?

Wann spürst du Gottes Freude?

Die Antwort auf diese Frage wird dir helfen herauszufinden, welche einzigartigen Dinge er dir gegeben hat, damit du sie während deiner Zeit auf der Erde einsetzt. Es gibt keine Trennung zwischen geistlichen und weltlichen Dingen. Diese Trennung haben wir uns selbst ausgedacht.

> Es gibt keine Trennung zwischen geistlichen und weltlichen Dingen. Diese Trennung haben wir uns selbst ausgedacht.

„Was immer ihr (…) tut – alles soll zur Ehre Gottes geschehen" (1. Korinther 10,31). Auch die scheinbar kleinen und langweiligen Dinge, die vielleicht gar nicht geistlich erscheinen.

Wir haben alle etwas erhalten, mit dem wir anderen Menschen Gott zeigen können. Die Rohmaterialien unseres Lebens sollen zusammengefügt und eingesetzt werden, um andere zu segnen und Gottes Reich aufzubauen.

BEGABUNGEN

Schreibe auf

Schau noch mal über deine Geschichte aus Kapitel 11. Lass die einzelnen Bestandteile Revue passieren und definiere, was an ihnen so erfüllend für dich war.

Ein Beispiel: Meine Freundin Jessica erinnert sich daran, dass sie das gemeinsame Malen mit ihrem Großvater als Kind so sehr erfüllt hat, weil sie in diesen Momenten ihre Gefühle durch Kunst ausdrücken konnte und sich von ihm verstanden fühlte.
Also ist an Jessica einzigartig, dass sie auf folgende Dinge hohen Wert legt:

- kreativ sein
- sich selbst ausdrücken
- andere verstehen und selbst verstanden werden

In unseren erfüllendsten Momenten entdecken wir unseren einzigartigen Beitrag zu dieser Welt.

Zeichne die folgende Tabelle in dein Notizheft und fülle sie aus.

DEINE ERINNERUNGEN	WARUM HAST DU DICH ZUFRIEDEN GEFÜHLT?

KAPITEL 13

SPUREN DES LEIDS

Aus unserem Schmerz heraus werden wir unsere Welt heilen. Das ist kein trivialer Spruch, es ist die Wahrheit. Denn das, was wir als Kind nicht erhalten haben, ist genau das, was wir anderen am meisten geben wollen. Wir werden also die Vergangenheit nicht ohne Grund ausgraben. Wir graben die Vergangenheit aus, weil dort ein Teil des fruchtbarsten Materials unseres Lebens zu finden ist.

Ich lebe in Austin, und alle meine Freunde haben auf ihren Grundstücken Komposthaufen. Wenn du nicht weißt, was das ist, denke einfach an einen Dritte-Welt-Slum in der Ecke deines städtischen Hinterhofs. Jeder kompostierbare Abfall aus deinem Zuhause kommt dorthin: Bananenschalen, Pizzaränder, Kaffeesatz… und wenn du wirklich Glück hast, hast du auch noch ein Haustier, das seinen Abfall beisteuern kann. Okay – ich glaube, das war deutlich genug.

Austin ist ein toleranter Ort. Die Auswahl an alternativen Lebensstilen in unserer Nachbarschaft ist unendlich groß, aber die einzige, nicht tolerierbare Sünde in Austin ist das Nichtvorhandensein eines Komposthaufens. Trotzdem lasse ich mich nicht dazu hinreißen. Ich werde es nicht allen Menschen recht machen. Außerdem finde ich so etwas ekelhaft, und ich baue zu Hause ohnehin kein Obst und Gemüse selbst an. Nun, fast alle haben neben ihrem Komposthaufen auch einen schönen, kleinen Gemüsegarten. Ihr Komposthaufen liefert ihnen dafür die fruchtbarste Erde; bereits gedüngte Erde aus dem Gartenfachmarkt könne da nicht mithalten, sagen sie.

Der dreckigste Abfall unseres Lebens wird zur fruchtbarsten Erde.

Die Familie, in der ich aufwuchs, war das idyllische Abbild des amerikanischen Traumes der Generation meiner Eltern. Meine Eltern waren sozial und in der Gemeinde engagiert, und ihre drei Töchter waren wohlerzogen und schienen Gott zu lieben. Mein Vater nahm uns jeden Abend auf den Schoß und betete vor dem Zubettgehen für uns. Aber inmitten all des Guten wuchs ich mit dem Gefühl auf, dass ich niemals seinen Erwartungen entsprechen würde, und dieser Gedanke ließ mich nicht los. Dieser Schmerz verfolgte mich bis ins Erwachsenenalter und schien, statt irgendwann einmal abzuklingen, immer größer zu werden.

Die Anerkennung anderer Menschen war für mich wie Sauerstoff, und oft hatte ich das Gefühl, ich könne ohne sie nicht atmen.

Väter und Mütter haben anscheinend die Macht, ihre Kinder einfach nur mit Worten unbeabsichtigt zu erdrücken.

Und das Privileg habe ich nun ebenfalls, weil auch ich Kinder habe. Wir sparen schon mal für ihre Therapie.

Aber als Kind kann man diese Worte nicht richtig einordnen. So spürte ich nur Angst und Druck und versuchte, allen Erwartungen gerecht zu werden; mit dem Gefühl, dass mir dies nie gelingen würde. Alles, was ich wollte, war die bedingungslose, uneingeschränkte Liebe meines Vaters, und ich glaubte, dass ich mir diese durch Leistung verdienen könne.

Niemand in meiner Familie war tot oder geschieden oder pleite. Es gibt so viele Augenblicke in meinem Leben, von denen ich euch erzählen könnte, die viel dramatischer und schmerzvoller gewesen sind, aber dieser Schmerz spiegelte meine größte Angst wider und war der Auslöser für meine Jagd, mein Streben nach Anerkennung.

Jahre später entschuldigte sich mein Vater für den Schmerz, den dies in meiner Kindheit verursacht hatte. Er erzählte mir auch von den Verletzungen aus seiner Kindheit, in der er ähnlichem Druck ausgesetzt gewesen war und immer das Gefühl gehabt hatte, nicht gut genug zu sein. Unsere inneren Kämpfe haben ihre Wurzeln fast immer in unserer Kindheit, und diese Kämpfe können uns unser ganzes Leben lang wie Fesseln umschlingen. Oder aber, wenn wir mutig genug sind, uns ihnen zu stellen, können sie die größten Waffen sein, mit denen wir zur Befreiung anderer Menschen beitragen können.

Die tiefen Löcher in meiner Seele, die ich auszufüllen versuchte, sollten schließlich genau das beschreiben, was ich der Welt am liebsten geben würde.

Was sind deine Löcher? Ich erinnere mich an ein Interview mit Steven Curtis Chapman und seiner mutigen Frau, Mary Beth, das sie nach dem tragischen Tod ihrer jüngsten Tochter Maria führten. Mary Beth sprach darüber, dass danach viele Menschen zu ihr gekommen seien und ihr erzählt hätten, auf welch erstaunliche Weise Gott den Tod ihrer Tochter für etwas Gutes benutzt hätte.

Dazu sagte sie nur den kurzen und schmerzvollen Satz: „Mir ist egal, ob dies der Ehre Gottes dient – sie war meine Tochter.“[1]

Was sie in diesem Moment sagte, ließ die Welt nicht unberührt, denn jeder, der schon einmal wahres Leid erfahren hat, hat denselben Kampf mit Gott geführt und gedacht: *Gott, du musst grausam sein, wenn du der Hölle erlaubst, sich um deines Namens Willen über uns auszugießen.*

Ist er grausam, oder lebt er mit einer Perspektive, die wir nicht wahrnehmen können?

In den besten Geschichten gibt es immer einen Augenblick, der so dunkel ist, dass man sich nicht sicher ist, ob die Charaktere oder die eigene Seele sich jemals davon erholen werden: in *Braveheart*, *Titanic*, sogar *Peter Pan*. Wenn man gefesselt ist und den Tod vor Augen hat, kann man oft einfach keinen Ausweg sehen. Einige wenige grausame Geschichten enden dort, aber die besten Geschichten fangen an diesem Punkt erst an.

Verändert oder erdrückt

Gilbert Tuhabonye wuchs in Burundi auf. Ähnlich wie im Nachbarland Ruanda, aus dem mein Sohn stammt, hat es dort in der Vergangenheit wiederholt Stammesfehden gegeben. Gilbert hatte die gleiche Begabung wie Eric Liddell: Er war schnell. Er rannte, um Wasser zu holen, er rannte 8 Kilometer zur Schule und zurück, und er rannte, um die Kühe seiner Familie zu füttern. In der Schule begann Gilbert, an Wettkämpfen teilzunehmen, und konnte sich realistische Hoffnungen auf eine Teilnahme an den Olympischen Spielen machen.

Aber am 21. Oktober 1993 flammte eine Stammesfehde zwischen den Hutus und den Tutsis wieder auf. Gilbert und mehr als 100 seiner Tutsi-Klassenkameraden und Lehrer wurden in ein Klassenzimmer gezwungen, wo sie geschlagen und dann angezündet wurden. Neun Stunden später kroch Gilbert auf wundersame Weise unter den verkohlten Leichen seiner Freunde hervor, selbst mit schlimmen Brandwunden am Körper, und rannte durch die Nacht in eine Zukunft, die er sich nie hätte vorstellen können.

> Leid wird dich verändern oder dich erdrücken.

Ich weiß, dass die meisten von euch noch kein solches Leid erfahren haben wie Gilbert. Aber ich weiß auch, dass jeder von euch irgendeine Art von Leid erfahren hat. Wir leben in einer kaputten Welt, die übervoll davon ist.

Wir alle sind versucht aufzugeben, wenn das Feuer zu heiß wird. Aber wer würde nicht sterben wollen, wenn er unter den Leichen seiner Freunde läge? Wer hätte den Mut, sich da herauszugraben und loszulaufen? Das ist doch verrückt, doch auch wir tragen diese Leidenschaft in uns.

Mit Leid können wir zwei Dinge tun: Wir können versuchen, es zu verkraften und es uns verändern zu lassen, oder wir können uns von ihm erdrücken lassen.

Leid wird dich verändern oder dich erdrücken.

Ich kenne Menschen, die beides erlebt haben. Es kann sogar passieren, dass an manchen Tagen beides zugleich geschieht. Wir bauen die Geschichten unseres Lebens – mit Höhepunkten und Tiefpunkten. Anhand der Höhepunkte können wir erkennen, womit wir Gott gefallen können, wenn wir die Dinge tun, für die er uns geschaffen hat.

Schwieriger ist aber der Gedanke, dass Gott von jeder einzelnen Dunkelheit in deinem Leben wusste, noch bevor du sie erlebtest. Er wusste von jeder einzelnen. Das sage ich nicht leichtfertig oder ohne Angst und Zittern, weil ich weiß, dass einige von euch mit unglaublichen Verletzungen umgehen müssen.

Gott im Leid begegnen

Um ihn nach Ägypten zu bringen, ließ Gott nicht einfach nur zu, dass Josef in die Sklaverei verkauft wurde, er ließ sogar Josefs Brüder dies tun. Er hätte auch einen anderen Weg finden können. Aber Gott richtete Josef total zu Grunde. 20 Jahre lang wollten die einzigen Menschen, die ihn wirklich gekannt hatten, bevor er zu einem namenlosen Sklaven wurde, seinen Tod.

Wenn du nichts oder niemanden auf der Welt hat, sieht Gott auf einmal richtig gut aus.

So war Josef gefangen in einem Leben, das von Sklaverei und Gefängnis bestimmt war, und außerhalb dieses Lebens hatte er keine Hoffnung auf eine Familie, die ihn liebte. Ein Mensch im Gefängnis, der außerhalb der Gefängnismauern niemanden hat – keine einzige andere Person in der Welt, der sein Leben etwas bedeutet hätte … was macht das mit einem?

Oft schreit diese Person nach Gott und sucht seine Nähe. Ich beobachte dies gerade bei Sarah. Sie kann mit niemandem außer mit Gott sprechen, und wenn ich ihr sage, dass wir alle sehen können, wie nahe sie Gott zurzeit ist, weint sie. Wenn du nichts oder niemanden auf der Welt hast, sieht Gott auf einmal richtig gut aus. Irgendwie brauchen wir die Sehnsucht nach dem Himmel. Wenn alles gut läuft und alles funktioniert – seien wir mal ehrlich: Dann sehnen wir uns nicht nach dem Himmel oder nach Gott. Wir tun es einfach nicht.

Wenn uns unser Leid erdrückt, leben wir anders. Doch wenn alles gut läuft, entwickeln wir leicht eine gewisse Arroganz. Wir brauchen eine Sehnsucht nach Jesus. Gott weiß das. Es gibt keinen Teil von dir, den er aufgibt. Es gibt keine einzige Träne, die du jemals weinen wirst, die Gott nicht selbst spürt. Aber er schreckt nicht davor zurück, uns auch hin und wieder leiden zu lassen. Dem können wir einfach nicht entgehen.

Paulus schrieb: „Wir werden einmal an Gottes Herrlichkeit teilhaben. Diese Hoffnung erfüllt uns mit Freude und Stolz. Doch nicht nur dafür sind wir dankbar. Wir danken Gott auch für die Leiden, die wir wegen unseres Glaubens auf uns nehmen müssen. Denn Leid macht geduldig. Geduld aber vertieft und festigt unseren Glauben, und das wiederum stärkt unsere Hoffnung" (Römer 5,2–4).

Bevor wir jetzt verbittert fragen, wie das sein kann – wie Gott sagen kann, dass sogar unvorstellbares Leid es wert sei, sollten wir uns ansehen, was Paulus in den nächsten Versen deutlich machte: „Diese Hoffnung aber geht nicht ins Leere. Denn uns ist der Heilige Geist geschenkt, und durch ihn hat Gott unsere Herzen mit seiner Liebe erfüllt" (Vers 5).

Siehst du, genau zur richtigen Zeit, als wir noch schwach waren, starb Christus für die Sünder. „Kaum jemand würde für einen anderen Menschen sterben, selbst wenn dieser schuldlos wäre. Es mag ja vorkommen, dass einer sein Leben für einen ganz besonders gütigen Menschen opfert. Gott aber beweist uns seine große Liebe gerade dadurch, dass Christus für uns starb, als wir noch Sünder waren" (Verse 7–8).

Paulus warnt uns davor, Gottes Liebe in Frage zu stellen, weil Gott sich aus Liebe zu uns für die schlimmste Art des Leidens entschied!

Aber nun kommen wir wieder auf die Frage zurück: Warum lässt Gott uns leiden?

Durch Leiden lernt man Jesus am besten kennen.
Jedes Mal, wenn ich auf Gott wütend sein will, weil ich Leid erfahre, zeigt er mir Jesus. Und die Bibel sagt: „Um Christus allein geht es mir. Ihn will ich immer besser kennenlernen: Ich will die Kraft seiner Auferstehung erfahren, aber auch seine Leiden möchte ich mit ihm teilen“ (Philipper 3,10). Und es stimmt. Im Leid habe ich Jesus am tiefsten kennengelernt. Gerade im Leid ist er zu finden, und auch er selbst musste Leid ertragen. Er ist kein Gott, der kein Leid kennt, und er ist unseren gebrochenen Herzen nahe.

Wir werden stärker.
Leid bringt eine morbide, aber hilfreiche Perspektive mit sich, dass das Leben schnelllebig und diese Erde nicht unser Zuhause ist. Früher lebte ich mit der Angst, dass mein Leben vielleicht schiefgehen könnte. Je mehr ich das Leid annehme, die Freude und was auch immer Gott für mich bereithält, desto weniger sorge ich mich darum. Nun ist meine größte Angst, dass ich mein Leben nicht gut genug für Gott einsetze. Aber ich kann nun weiter und länger laufen als zuvor. Ich verzweifle nicht; stattdessen wächst mein Glaube.

Wir sehnen uns schmerzlich nach dem Himmel.
Vor ein paar Stunden waren wir auf der Beerdigung eines Freundes, der Selbstmord begangen hat. Gestern wurde der gesamte Bundesstaat Oklahoma fast von Tornados weggefegt. Und heute ist einer dieser Tage, wo man sich einfach nur schmerzlich nach dem Himmel sehnt. Nach 24 Stunden voll von Fernsehbildern von zerstörten Wohngegenden und vermissten Kindern sehnt sich das ganze Land danach, dass wieder in Ordnung gebracht wird, was kaputt ist, und aus dem Schockzustand wieder Frieden wird.

Leid katapultiert uns oft aus unserem komatösen Leben heraus. Während ich dem Pastor zuhörte, der das Lebensende unseres Freundes beschrieb, sehnte ich mich danach, bei ihm im Himmel zu sein, und ich sehnte mich danach, dieses kurze Leben mit so viel Leidenschaft und Liebe zu leben, wie es mir als Mensch möglich ist.

Leid erinnert uns daran, dass das Leben kurz und die Erde nicht unser Zuhause ist.

Meine lieben Freunde! Wundert euch nicht über die heftigen Anfeindungen, die ihr jetzt erfahrt. Sie sollen euren Glauben prüfen und sind nichts Außergewöhnliches. Freut euch vielmehr darüber, dass ihr mit Christus leidet; dann werdet auch ihr jubeln und euch mit ihm freuen, wenn er in all seiner Herrlichkeit erscheint. 1. Petrus 4,12–13

Er wird in all seiner Herrlichkeit erscheinen, und diejenigen, die am meisten gelitten haben, werden sich am meisten freuen.

Unser Leben kann Spuren hinterlassen.
Wenn wir nur einen Atemzug lang hier sind, möchte ich, dass sich mein kleiner Atemzug anfühlt wie ein gewaltiger Windstoß. Das erfordert Hingabe, Durchhaltevermögen und dass ich meine Zeit nicht damit verschwende, mich ständig zu vergleichen oder zu beschweren. Nachdem die Apostel verfolgt wurden und dabei auch körperliche Schmerzen ertragen mussten, verließen sie den Hohen Rat „voller Freude darüber, dass Gott sie dazu auserwählt hatte, für Jesus Verachtung und Schande zu ertragen“ (Apostelgeschichte 5,41).

Zu leiden ist eine Ehre. Es ist ein Privileg. Und das sollten wir nicht verschwenden. Gott schrieb Leid in unsere Geschichten hinein und will uns davon zu seiner Ehre erlösen. Und anstatt dabei unsere Fäuste zu ballen, sollten wir uns besser hinsetzen und erkennen, dass wir von einem Leben in Flammen auf eine große Bestimmung zulaufen – eine Bestimmung, die ohne die Flammen nie existieren könnte.

Er sagt: Ich möchte aus deinem Leid schöne Dinge entstehen lassen. Ich kann schöne Dinge aus Asche machen. Niemand sonst kann das. Ich schon. Ich kann aus toten, vertrockneten Knochen lebendiges Leben machen. Ich kann den Tod besiegen und Leben schenken. Ich kann die furchtbarsten, schlimmsten Umstände nehmen und sie mit Leben erfüllen.[2]

Wie wird er das tun?

Ich erzähle dir, wie er es in meinem Leben getan hat.

Mein Vater sagt mir heute immer wieder, wie stolz er auf mich ist. Rückblickend erkenne ich, dass er trotz seiner verletzenden Worte vor langer Zeit schon immer stolz auf mich war. Aufgrund seiner eigenen Wunden wusste er nur nicht genau, wie er es mir zeigen konnte.

Aber als Kind nahm ich nur wahr, dass meine größten Ängste wahr wurden. Genau das, wonach sich meine Seele mehr als sonst irgendetwas sehnte, war außer meiner Reichweite … die Anerkennung meines Vaters.

Und wie es bei Zwängen immer so ist, wurde aus der Suche nach der Anerkennung meines Vaters mehr – nämlich der Wunsch, es allen recht machen zu wollen. Und schließlich war ich völlig gefangen. Ich war nicht frei. Ich war motiviert, aber die Motive meines Herzens, das Lied, das ich in meinem Kopf sang, meine Gedanken, die Art, wie ich mit anderen interagierte, was ich beim Aufwachen und Einschlafen dachte – alles drehte sich darum, wie ich den Leuten um mich herum gefallen könnte. Ich war vollkommen in Ketten.

Gott benutzte etwas Dunkles, um die Ketten in mir zu brechen und mich zu befreien. Ich stand da und blickte meiner schlimmsten Angst ins Gesicht, und ich fühlte mich Gott so nah wie noch nie zuvor.

Wenn unsere schlimmsten Ängste wahr werden … Gott. Und während wir leiden und er uns tröstet, trösten wir wiederum andere.

In 2. Korinther 1,3–4 steht: „Gelobt sei Gott, der Vater unseres Herrn Jesus Christus! Er ist der barmherzige Vater, der Gott, von dem aller Trost kommt! In Schwierigkeiten ermutigt er uns und steht uns bei, sodass wir auch andere trösten können, die wegen ihres Glaubens angefeindet werden. Wir ermutigen sie, wie Gott uns ermutigt hat."

Meine Freiheit und die Art und Weise, wie Gott meine Seele erfüllt hat, entfachte in mir eine Leidenschaft, die sich schließlich in eine Berufung verwandelte. Überall, wo ich hingehe, sehe ich Menschen, die durch unsichtbare Fesseln gefangen sind, und ich habe schlaflose Nächte, haue auf den Tisch und verbringe endlose Stunden mit Schreiben und Lehren, um damit für ihre Freiheit zu kämpfen.

Aus meinem Schmerz heraus sehe ich den Schmerz anderer, und weil ich die Freiheit gekostet habe, sehne ich mich nach Freiheit für andere. So entstehen Dinge wie diese:

Gruppen für Frauen, die eine Abtreibung hinter sich haben …

Worte darüber, wie man eine Scheidung durchsteht, die man nie wollte …

Weinen mit einer Freundin, die gerade ihre Mutter verloren hat …

Eine Freundin, die zum ersten Mal in ihrem Leben davon erzählt, dass sie missbraucht wurde, weil du gerade von deinem eigenen Missbrauch erzählt hast …

Die Adoption eines elternlosen Kindes, weil man selbst nie einen Vater hatte …

Aus unserem Schmerz heraus heilen wir andere. Von unseren Fesseln befreit befreien wir andere.

Und noch mal, der schmutzigste Abfall unseres Lebens wird zur fruchtbarsten Erde.

Ich bin auf dem Weg dahin, Leid anzunehmen. Aber wenn ich es annehme, scheint es nur noch größer zu werden. In solchen Situationen hilft es, 1. Mose 50 zu lesen, wo Josef auf seine Brüder traf, die für sein jahrelanges Leid verantwortlich gewesen waren, und zu ihnen sagte: „Mit dem, womit ihr mir schaden wolltet, hat Gott eine gute Absicht verfolgt." Dann sagte er: „Dadurch wurden viele Menschenleben gerettet."[3]

Unser Leid wird möglicherweise Leben retten. Wenn Gottes Koordinatenlinie wirklich unendlich ist, ist es berechtigt zu sagen, dass Gott unsere Ewigkeit bei ihm wichtiger ist als dieser kleine Pixel heute.

Nachdem wir uns in Austin mit dem Thema Leid auseinandergesetzt hatten, schrieb mir eine Frau, die als Kind körperlich und sexuell missbraucht worden war. Sie schrieb: „Bis heute hätte ich nicht gedacht, dass diese dunklen Momente in meinem Leben für irgendetwas gut sein könnten. Dieser Gedanke ließ meine Seele wieder ein bisschen mehr heilen."

Brennende Feuer

Gilbert aus Burundi läuft immer noch. Ich sehe, wie er läuft, denn er wohnt in meiner Nachbarschaft, zusammen mit seinen zwei Töchtern und seiner Frau Triphine. Gilbert erhielt die Möglichkeit, in den Vereinigten Staaten für Olympia zu trainieren und erhielt ein Stipendium für die *Abilene Christian University.* Er gründete *Gilbert's Gazelles*, die führende Trainingsgruppe für Läufer und Triathleten in Zentraltexas, und machte sie zu einer der anerkanntesten Läufergruppen des Landes. Zudem ist er Mitbegründer der *Gazelle Foundation*, deren Mission es ist, Wasserprojekte in Burundi zu fördern. Er reist herum und hält Vorträge, er teilt seine Narben mit anderen, sodass er anderen Gottes Geschichte erzählen kann.

Als Junge lernte er in Burundi ein Sprichwort: „Es ist leicht, ein Feuer anzuzünden, und schwer, es zu löschen." In seinen Memoiren schrieb er: „Heute verstehe ich dieses Sprichwort viel besser als damals. Auch wenn es Leute gab, die wollten, dass die Flammen mich töteten, kann niemand das Feuer in mir drin löschen. Das Licht, das Gott in mich hineingelegt hat, brennt noch immer hell." Und dann schrieb er: „Ich muss jetzt laufen."[4]

Womit Menschen böse Absichten hegten, hat Gott eine gute Absicht verfolgt, um letztlich viele Leben zu retten. In unserem Leben werden immer wieder Feuer entfacht, und sie können brennen, um zu leuchten oder zu zerstören. Wir müssen entscheiden, welchem Zweck sie dienen werden.

LEID

Zeichne die folgende Tabelle in dein Notizheft und fülle sie aus.

DEINE ERINNERUNGEN	WARUM SIE SCHMERZVOLL WAREN

Schreibe auf

Blicke zurück auf Kapitel 11, wo du die schwierigsten Momente deines Lebens aufgeschrieben hast. Ich weiß, das ist ein sensibles Thema.
Wenn du nur Dinge aufgeschrieben hast, von denen du noch nie jemandem erzählt hast, oder wenn du noch immer sehr unter einem Verlust oder Missbrauch leidest, könnte dieser Schritt momentan noch zu schwer für dich sein. Es könnte hilfreich sein, diesen Schritt mit einer Vertrauensperson durchzuführen.

Wie haben diese Erlebnisse dein Leben geformt?

Schreibe in dein Notizbuch ein paar Möglichkeiten, wie Gott jede dieser Erfahrungen verwenden könnte, um jemand anderem zu helfen.

Versuche nun, fünf Schlüsselwörter zu finden, die am besten beschreiben, wie einige deiner Leidenschaften durch dein Leid verstärkt werden.

KAPITEL 14
WICHTIGE ORTE

Vor einigen Jahren lernte ich durch ihren Blog Katie Davis kennen. Sie ist eine junge Frau Mitte 20, die bereits viele Mädchen adoptiert hat, die als Waisenkinder auf den Straßen Ugandas lebten. Wer ihre Worte hört und mit ihrem Leben in Berührung kommt, wird dadurch unweigerlich verändert. Deshalb begannen auch Leute aus unserer Gemeinde darüber zu beten, ob sie vielleicht ebenfalls nach Afrika ziehen und dutzende Kinder adoptieren sollten.

Ich habe eine couragierte, leidenschaftliche Freundin namens Bekah, die ohne zu zögern Obdachlosen ihr eigenes Hemd schenken würde, wenn sie darum gebeten würde. Daher war sie, inspiriert durch Katies Geschichte, natürlich auch dazu bereit, mit ihren drei kleinen Kindern ans Ende der Welt zu ziehen. Aber zu diesem Zeitpunkt war sich ihr Mann Brandon nicht so sicher, ob öffentliches Entkleiden oder der Kontinent Afrika wirklich ihre Zukunft wäre.

Also fing Bekah an zu beten, und nach ein paar Tagen voller Hingabegebete fand sie sich in einem Café wieder, in dem sie mit einer jungen Kollegin von Brandon über Jesus sprach. Ein paar Wochen später lud sie einige Nachbarn zu einem Bibelkreis bei sich zu Hause ein. Jetzt, drei Jahre später, kann sie auf eine ganze Reihe von veränderten Nachbarn und Kollegen zurückblicken, die durch sie Gottes Liebe erfahren haben.

Wenn sie heute über ihre Nachbarschaft und Brandons Arbeitsstelle redet, hat sie schon oft die Worte „mein Afrika“ benutzt.

Auch Marc und Kayan lernten Katie Davis etwa zur selben Zeit wie wir durch ihren Blog kennen. Sie sind erst seit kurzem Christen und waren ursprünglich in unsere Gemeinde gekommen, weil es dort so viele Familien mit adoptierten Kindern aus Ruanda gab, denn auch sie hatten ein ruandisches Kind adoptiert. Sie sagen über sich selbst: „Manche entscheiden sich durch Gott für eine Adoption. Wir haben uns durch eine Adoption für Gott entschieden."

Marc und Kayan saßen neben Brandon und Bekah, während mein Mann über das Thema Hingabe predigte und unsere ganze Gemeinde für ihr persönliches „Afrika" betete. Marc, ein weithin anerkannter Arzt in Austin, begann daraufhin darüber nachzudenken, wie es wäre, mit seinen drei kleinen Kindern nach Ruanda zu ziehen und dort mit seiner Erfahrung im Bereich Innere Medizin Ärzte auszubilden und Gesundheitsvorsorge in einem Land anzubieten, in dem diese verzweifelt gebraucht wurde. Und wunderbarerweise war auch Kayan einverstanden. Sie haben ihr Haus in einer der schönsten Wohngegenden von Austin verkauft und bereiten nun ihren Umzug nach Ruanda vor.

Wenn wir nochmal auf das Thema Bestimmung kommen, stellt sich unweigerlich folgende Frage: Bleiben wir an dem Ort, an dem wir jetzt sind, oder ist es wichtig, dass wir woanders hingehen?

Für unsere Bestimmung ist der Ort sehr wichtig, denn er bestimmt die Umgebung, die uns ernährt, und die Menschen, mit denen wir in Kontakt kommen. In Alaska zum Beispiel hätte Katie wahrscheinlich nicht so viel bewirken können. Bekahs Begabungen waren absolut richtig an dem Ort, an dem sie lebte. Und was ist mit dem Ort, an dem du gerade bist?

Manche von uns haben Jobs, die sie hassen, und werden trotzdem den Ruf bekommen, dort zu bleiben; und andere haben Jobs, die sie lieben, und Gott wird sie auffordern, an einen anderen Ort zu gehen. Das Lebensmodell eines Gläubigen ist ganz anders als das von Menschen, die ohne Gott leben. Ohne einen lebendigen Gott wird man zu seinem eigenen Gott. Leben wir mit einem lebendigen

Gott, dessen Wirken auf ein ewiges Ziel ausgerichtet ist, gebraucht er uns so, wie es ihm gefällt.

Sei ganz da

Lass uns mit dem beginnen, was wir bereits wissen. Wir wissen, dass es unsere Aufgabe ist, Gott besser kennenzulernen und anderen Menschen von ihm zu erzählen. Wir kennen zumindest einen kleinen Teil der Geschichte Gottes durch die Bibel. Wir wissen, dass wir ohne Einschränkung jeden Menschen lieben sollen, den Gott uns über den Weg schickt. Und wir wissen, dass wir Gott mehr als alles andere lieben sollen. Denn ein Leben gemäß Gottes Willen besteht zu 99 Prozent aus der völligen Bereitschaft, nach Gottes Willen zu leben, obwohl wir seinen exakten Willen für uns im Detail vielleicht nicht kennen.

Gott ist ruhig und vollkommen weise bei der Entscheidung, wann genau er uns seinen Willen offenbart.

> Gott ist ruhig und vollkommen weise bei der Entscheidung, wann genau er uns seinen Willen offenbart.

Die meisten von euch, die dies lesen, haben ausreichend Möglichkeiten vor Ort, einen Dienst für Gott zu tun, sodass sie niemals umziehen oder irgendetwas verändern müssen. In Austin sieht man häufig einen Aufkleber auf der Stoßstange mit folgendem Satz: „Das Leben ist zu kurz, um in Dallas zu leben." Die Leute aus Austin finden das lustig.

Hier ist meine Version für das, was heute unsere Bestimmung ist: Das Leben ist zu kurz, um zu viel Zeit mit der Frage zu verbringen, wo auf diesem Planeten wir leben sollten. Wie Jim Elliott, der große Missionar und Märtyrer, sagte: „Wo du auch immer bist, dort musst du ganz sein."[1]

Wir leben in einer Zeit, in der Jobwechsel, Ortswechsel und Umzüge durchaus sinnvoll sein können und zumutbar sind. Anstatt also vor Angst wie gelähmt zu sein, du könntest am Ende umziehen, obwohl du eigentlich hättest bleiben sollen, oder du könntest doch an deinem Wohnort bleiben, obwohl du eigentlich hättest umziehen sollen, solltest du darüber beten und deine Wege Gott anbefehlen. Und dann kannst du losgehen und etwas tun.

Gott fordert uns auf, seinem Willen zu folgen, wie ein Vater im Schwimmbecken, der sein kleines Kind auffordert zu springen. Ob dieses Kind nun richtig weit springt oder eher auf seinem Po ins Becken rutscht, sein Vater wird sich bewegen, um es aufzufangen. Hab also keine Angst. Gottes Wille bewegt sich, und wenn wir nur springen, wird sein Wille uns auffangen. Lass Gott einfach Gott sein und gehe weiter auf deinem Weg mit dem, was du weißt, und hör auf, das zu überanalysieren, was du nicht weißt.

Lass Gott einfach Gott sein und gehe weiter auf deinem Weg mit dem, was du weißt, und hör auf, das zu überanalysieren, was du nicht weißt.

Macht euch keine Sorgen! Ihr dürft in jeder Lage zu Gott beten. Sagt ihm, was euch fehlt, und dankt ihm! Dann wird Gottes Friede, der all unser Verstehen übersteigt, eure Herzen und Gedanken bewahren, weil ihr mit Jesus Christus verbunden seid. Philipper 4,6–7

Josef tat dies auf so schöne Weise. Gott hatte ihm gezeigt, dass er mit seinem Leben großartige Dinge tun würde, und statt sich darüber Sorgen zu machen, dass er im Gefängnis saß oder ein Sklave war, tat Josef Großes, wo auch immer er sich aufhielt.

Tu Großes, wo auch immer du bist. Und ebenso solltest du weder Angst haben, an einen anderen Ort zu gehen, noch an deinem Ort zu bleiben.

Wir beurteilen das Leben oftmals danach, wie prachtvoll es ist, wie viel man damit bewegt oder wie viel Leistung man erbringt, aber Gott geht es um seine Ehre. Im Himmel wird Katie Davies nicht für ihren Wohnort auf der Erde belohnt werden, sondern für ihren Gehorsam und ihre Treue Gott gegenüber. Und diejenigen, die den größten Teil ihres Lebens in Großraumbüros verbracht haben, werden neben ihr stehen und ähnliche Siegeskränze erhalten.

Es geht nicht um unseren Ort, es geht darum, was wir an unserem Ort tun.

Josef verfügte über eine Entschlossenheit, die unserer Generation oft fehlt. Wenn man es überspitzt sagen wollte, könnte man uns als einen Haufen Weicheier bezeichnen. Im Allgemeinen versuchen wir unser Bestes, schwierige Arbeiten zu vermeiden. Aber als Josef ein Sklave war und ins Gefängnis kam, nahm er den Wischmopp in die Hand und sagte: „Okay, ich werde das Beste aus meiner Situation machen." Was für eine wunderbare Einstellung.

Ohne eine Erklärung von Gott, warum sein Leben in Trümmern lag, entschied er sich dazu, ein Gewinner-Sklave zu sein. Er machte einen hervorragenden Job. Er arbeitete mit all seiner Kraft, ohne Ansprüche zu stellen, ohne sich zu beschweren. Er legte sich so sehr ins Zeug, dass er schließlich zum Hausverwalter und später zum Gefängnisaufseher befördert wurde.

Josef war erfüllt von seiner Entschlossenheit und einer Entscheidung, die auf jeden Fall bewusst von ihm getroffen wurde. Er gab alles, um gut zu dienen, auch als Sklave und zu Unrecht beschuldigter Gefängnisinsasse. Wenn wir also wissen, dass kein Ort, kein Job, keine Ehe, kein Kind uns vollkommen erfüllen wird, können wir uns dafür entscheiden, nicht länger darum zu kämpfen, in all dem unser Glück zu finden, sondern stattdessen anfangen, dafür zu kämpfen, dass all das Gott Ehre bringt.

Dies erfordert den täglichen Entschluss, ihm an dem Ort zu vertrauen, an dem man gerade ist.

Der richtige Ort

Nachdem Christus den Missionsbefehl erteilt und in den Himmel aufgefahren war, setzten die Apostel diesen Befehl in die Tat um und wurden dabei von ihren Gegnern verfolgt. Der Apostel Paulus schrieb aus dem Gefängnis:

Ihr sollt wissen, dass meine Gefangenschaft die Ausbreitung der rettenden Botschaft nicht gehindert hat. Im Gegenteil! Allen meinen Bewachern und auch den übrigen Menschen, mit denen ich es hier zu tun habe, ist inzwischen klar geworden, dass ich nur deswegen eingesperrt bin, weil ich an Christus glaube. Außerdem haben durch meine Gefangenschaft die meisten Christen neuen Mut gewonnen und die Zuversicht, dass der Herr ihnen hilft. Furchtlos und ohne Scheu sagen sie jetzt Gottes Botschaft weiter. Philipper 1,12–14

Im Grunde genommen sagt Paulus Folgendes: „Ich predige der Welt das Evangelium aus einer Gefängniszelle heraus. Ich mache meinen Job, für den er mich auf die Erde gebracht hat, wo auch immer ich bin. Aber ich repräsentiere Christus auch dann, wenn ich zu niemandem predige. Auch wenn ich keinen Brief an euch schreibe, sieht mich jeder in diesem Gefängnis in Ketten liegen. Wie ich tagein, tagaus in diesen Ketten lebe, verändert die Menschen, die es sehen."

Warum sehen wir nicht unseren Job, unseren Blog, unsere Wohngegend oder sogar unsere Zeit im Krankenhaus oder einer Kinderwunschklinik in diesem Licht? Oft applaudieren wir Menschen, die außergewöhnliche Dienste für Gott tun, und ignorieren dabei den Dienst für Gott im Alltag, den niemand sieht.

Was Paulus und Josef beide für sich annahmen, war, dass Gott an den Orten, an die er sie gebracht hatte, am besten durch sie seine Botschaft verkündigen konnte. Jetzt dieselbe Frage an dich: Wurdest du an deinen Ort gesetzt, weil es der strategisch beste Ort für dich ist, um hier das Evangelium zu verkündigen? Wenn du anfängst, so zu denken, verändert sich alles.

Du änderst die Frage von: „Machen meine Nachbarschaft, mein Arbeitsplatz, meine Schule mich in meiner jetzigen Lebensphase glücklich?" zu „Sind meine Nachbarschaft, mein Arbeitsplatz und meine Schule in meiner jetzigen Lebensphase die strategisch besten Orte für meine Kinder, mein Leben, meine Geschichte, meine Persönlichkeit und alles, was ich brauche, um das Evangelium zu verkündigen?"

Meine Freundin Rachel, eine Ergotherapeutin, sagte mir eines Abends, sie wolle anfangen, für ihre Kollegen zu beten. Es ging noch nicht einmal darum, ihnen von ihrem Glauben zu erzählen, es ging allein ums Beten. Und dann fragte eine Woche später ihre Kollegin Amanda sie nach Gott, während sie in einer Bar zur „After Work Happy Hour" zusammensaßen. Später nahmen Amanda und ihr Mann Christus als ihren Retter an, und mittlerweile nehmen beide Leitungsaufgaben in unserer Gemeinde wahr. Und sie wiederum erzählten genauso wie Rachel vielen anderen Kollegen ebenfalls von Christus.

Alles, was Rachel tat, war, an ihrem Ort ihre Augen für die Not um sie herum offenzuhalten.

Du befindest dich nicht zufällig an dem Ort, an dem du bist; da steckt eine Absicht dahinter.

Eines Abends sahen Zac und ich den Dokumentarfilm „Babys", in dem das erste Lebensjahr von vier Babys in verschiedenen Teilen der Welt dokumentiert wird. Es wird darin nicht geredet, und es gibt auch keine wirkliche Geschichte, aber man kann einfach nicht die Augen davon abwenden!

Ein afrikanisches Baby, das vor seiner Hütte durch den Matsch krabbelt, ein Baby im städtischen Tokio, das mit dem Druck zu kämpfen hat, ein Baby im städtischen Tokio zu sein, ein mongolisches Bauernkind, das zusammen mit der Ziege der Familie ein Bad nimmt, und ein amerikanisches „grünes" Baby, das ein Hippieleben führt.

Wenn man diese Kinder sieht und die dazugehörigen Orte, kann man nur denken: Es gibt keine Zufälle. Es gibt einen Gott, der uns in unsere Zeit und an unseren Ort mit unseren Familien und Mitmenschen gesetzt hat. Und wenn das stimmt, hat er für alles einen Plan.

Ich erschaudere bei dem Gedanken, für wie zufällig wir das Leben oft halten.

Kürzlich saß ich neben einer jungen Frau, die weinte, weil sie sich so sehr nach einem neuen Ziel für ihr Leben sehnte. Ich fragte sie, womit sie ihren Lebensunterhalt verdiene, und sie sagte mir, sie arbeite an einem Sexualaufklärungs-Programm, das mit großer Wahrscheinlichkeit in allen texanischen Schulbezirken eingesetzt werden würde.

Ich war verwirrt. Wie konnte sie an diesem gottgegebenen Ort keinen tieferen Sinn für sich erkennen? In unserem Gespräch erläuterte sie, dass sie sehr wohl erkannt hatte, dass dies eigentlich eine unglaubliche Aufgabe war, aber sie lebte so sehr in der Angst, in ihrer Erfüllung zu versagen, dass sie sich nicht wirklich damit anfreunden konnte.

Vielleicht tust du genau das, was Gottes Willen entspricht, nämlich gemäß deiner Bestimmung leben, aber du kannst das nicht erkennen, weil du Angst hast.

Angst, dein Ort sei nicht wichtig.

Angst, du könntest versagen.

Angst, Gott würde dich nicht sehen.

Angst, dass das, was du tust, kein Dienst für Gott sein könnte.

Angst, was die Leute denken könnten, wenn du an deinem Ort offen für Christus lebst.

Unser wahrer Ort

Deine Begabungen und Geschichten werden im Laufe deines Lebens an vielen verschiedenen Orten gebraucht werden. Wenn man seine Begabungen in Firmen, gemeinnützigen Organisationen, staatlichen Schulsystemen, Gemeinden und seiner Nachbarschaft einsetzt, kann dies eine große Aufgabe und Berufung sein.

Ich glaube, einige von euch könnten an ihrem Ort glücklicher sein, wenn sie nur ansatzweise glauben würden, dass Gott stolz auf sie ist, auch wenn sie nur einen banalen, eintönigen Job haben, der nichts mit Afrika zu tun hat. Wir alle haben Fäden in der Hand, aus denen Gott Geschichten spinnen will, ewige Geschichten, und unsere Orte sind ein Teil davon.

Weil wir aber noch nicht an unserem wahren und endgültigen „Ort“ angekommen sind, wird sich kein Platz auf dieser Erde absolut richtig anfühlen, bis wir zu Hause sind.

ORTE

Skizziere in deinem Notizbuch ein ähnliches Schaubild und schreibe in die Kreise deine ganz persönlichen Orte. Diese können zum Beispiel lauten: Arbeit, Schule, Nachbarschaft, Studentenwohnheim, soziale Medien.

Schreibe auf

Bringe jeden dieser Orte vor Gott. Sollst du dortbleiben? Wahrscheinlich ist das der Fall, aber Zac und ich stellen uns diese Frage regelmäßig im Hinblick auf die Schule der Kinder, unsere Jobs oder die Gemeinde. So bleiben wir offen für das, was Gott uns schenken will.

Träume von jedem Ort. Schreibe neben jeden Ort Gedanken darüber, wie du bewusster an ihnen leben könntest.

Und schreibe auch auf, was an deinen Orten dir Angst macht.

KAPITEL 15

MENSCHEN, DIE UNS PRÄGEN

Ich möchte dir gerne mehr von meiner guten Freundin erzählen, die bereits zweimal gestorben ist und beide Male wiederbelebt wurde. Aber aufgrund einer Herzerkrankung kann Julie Manning zu jeder Zeit wieder sterben. Sie lebt anders als alle anderen, die ich kenne. Sie verschwendet keine Zeit mit Smalltalk. Keiner verschwendet Zeit mit Julie, denn wenn man mit ihr gemeinsam auf ihrer Terrasse ein leckeres Essen genießt, fühlt sich das Leben kurz an.

Julie ist 35 und hat zwei kleine Jungs, die wissen, wie man den Notruf wählt. Aber Julie hat keine Angst. Sie lehrt uns, den Tod nicht zu fürchten. Menschen, die schon einmal gestorben sind, können uns sagen, ob wir uns fürchten sollten oder nicht.

An dem Tag, an dem wir annahmen, dass Sarah Henry zu Jesus gehen würde, saß Julie neben ihrem Bett und flüsterte ihr Geheimnisse von Hoffnung und dem Leben nach dem Tod zu. Sie flüsterte ihr ihre Erinnerungen ins Ohr.

„Sarah, dort ist vollkommenes Licht und vollkommener Frieden. Du wirst dir über deine Kinder keine Sorgen machen. Du wirst vor nichts Angst haben. Du wirst dich einfach von der Gegenwart Gottes vollkommen überwältigt fühlen. Hab keine Angst, meine Freundin."

Es hieß damals, dass Sarah innerhalb dieses Tages sterben würde. Als Julie später ihr Zimmer verließ, verkroch sie sich in die Ecke des Wartezimmers und weinte. Ich bemerkte das und ging zu ihr, um sie in den Arm zu nehmen. Als ich sie nach ihren Tränen fragte, flüsterte sie Worte, die ich nie vergessen werde: „Ich bin neidisch."

Als meine liebe Freundin dalag und es so aussah, als ob sie noch am gleichen Tag vor Gott stehen würde, hätte es keine Worte geben können, die mich mehr getröstet hätten. Für Julie sind der Himmel und Gott keine Märchen, sie hat beides erfahren. Und das ist der Grund, weshalb wir aus jedem Moment, den wir zusammen sind, das meiste herausholen.

Wir alle haben Menschen in unserem Leben, die wir brauchen, und Menschen, die uns brauchen. Verbringen wir unsere Zeit bewusst unter diesen zwei Gesichtspunkten? Oder treffen wir einfach nur gelegentlich aufeinander, ohne dabei die Absicht zu haben, Liebe zu geben oder zu empfangen?

Wenn wir ehrlich sind, kostet es uns etwas, Menschen zu lieben. Aber weißt du, was wir tun, anstatt die schwierige Arbeit zu leisten, sie zu lieben? Wir wursteln herum. Wir verschwenden die kostbare Zeit, die wir haben. Falls dir der Begriff wursteln nicht so geläufig ist:

Wursteln: wenig innovativ, eher unprofessionell und ohne Plan vor sich hin arbeiten oder eine Aufgabe in Angriff nehmen

Es ist einfacher, dieses Leben nur oberflächlich zu überleben und nur unverbindlich mit anderen Menschen in Kontakt zu kommen, als die schwierige Aufgabe zu übernehmen, sie bewusst zu lieben. Liebe erfordert, dass man Risiken eingeht. Liebe erfordert Vergebung und Gnade. Liebe erfordert Aufwand, Zeit und Verpflichtung. Du verpflichtest dich, in harten Zeiten nicht davonzulaufen, und diese Zeiten werden ganz sicher kommen.

Wenn dies der Preis für eine tiefe Beziehung ist, haben wir nicht die Kapazitäten und ausreichend Raum in unserem Leben, um mit jedem eine tiefe Beziehung einzugehen. Daher müssen wir dies bewusst tun.

Laufpartner

Wir haben bereits über die Verse in Hebräer 12 gesprochen, die unser Leben mit einem Wettlauf vergleichen, und wir wollen ein gutes Rennen abliefern. Manchmal vergessen wir alle aber, dass eigentlich zählt, *wie* wir dieses Rennen laufen. Daher brauchen wir Menschen wie meine Freundin Julie, die ihre Finger unter unser Kinn legen und unseren Kopf anheben. Ich brauche diese Perspektive in meinem Rennen, wenn ich müde werde und aufgeben möchte. Ich brauche Menschen vor mir, die mir nach hinten zurufen, dass es sich lohnt. Ich brauche tiefgründige, verwandte Seelen neben wir, durch die das Laufen mehr Spaß macht und die mir helfen, mich nicht verrückt oder einsam zu fühlen.

Aber was ist das Problem mit den Menschen?

Sie sind alle kaputt. Lass es mich umformulieren: Wir sind alle kaputt. Wir verletzen einander. Wir lassen einander im Stich. Wir streiten. Ich weiß nicht, ob es bisher irgendeine Person, der ich wirklich nahestehe, geschafft hat, mich noch nicht zu verletzen. Und ich bin mir absolut sicher, dass jede Person, die mir wirklich nahesteht, auch von mir schon verletzt worden ist. Wir sind menschlich und fehlerhaft – auch diejenigen, die Gott kennen.

Wenn ich diese Tatsache akzeptiere, kann ich anderen Menschen, die in mein Leben treten, gegenüber gnädig sein. Wenn ich akzeptieren kann, dass ich ein so großer Sünder und innerlich so kaputt bin, dass es sehr wahrscheinlich ist, dass ich jeden, der mir nahesteht, an jedem Tag verletze, ohne dass dies mir bewusst ist, kann ich bewusst gnädig mit den Menschen umgehen, die mich verletzen.

Zac und ich sparen schon mal Geld für eine Therapie für unsere Kinder, weil wir genau wissen, dass wir sie verkorksen werden. Als nette Geste werden wir später für ihre Genesung bezahlen und, wenn sie achtzehn sind, bei ihnen auftauchen und uns bei ihnen entschuldigen. Denn wir wissen nur zu gut, dass wir keine perfekten Eltern sind. Wir sind kein perfekter Pastor und keine perfekte Pastorenfrau. Wir wissen, dass wir nicht immer die besten Freunde für andere sind. Wir wissen, dass wir andere immer und immer wieder enttäuschen werden.

Wenn ich wirklich erkennen kann, dass ich vollkommen verkorkst bin und dass Gott mich vor mir selbst gerettet hat, und das nicht, weil ich irgendetwas dafür getan oder es verdient hätte, bin ich dazu befreit, diese Gnade auch anderen zuteil werden zu lassen. Ich bin ein erlöster verkorkster Mensch, so wie du auch. Und wir werden einander hin und wieder verletzen, denn das ist das, was kaputte Menschen leider nun mal tun. Aber trotzdem brauche ich dich.

Wir laufen gemeinsam, auch wenn wir einander verletzen.

Julie ist gerade einen Marathon gelaufen, und das, obwohl ihr Herz nicht richtig funktioniert; und sie hat mich gefragt, ob ich nicht eine Meile mit ihr mitlaufen wolle. Es ging nur um eine Meile, und trotzdem sagte ich nein, weil ich mich selbst kenne. Ich laufe so langsam, dass ich Angst hatte, ich würde sie nur aufhalten.

Aber Julie wollte mit ihrem schwachen Herzen nicht alleine laufen. Wir müssen mit anderen Leuten gemeinsam laufen, nicht wahr? Aber wir schauen uns um und sehen, dass wir nur mit unvollkommenen Menschen laufen können. Ich hätte mit Julie laufen sollen, weil sie mich darum gebeten hatte. Ich hätte mit ihr laufen sollen, weil ich sie liebhabe, und selbst wenn sie durch mich Probleme bekommen hätte und ich sie gebremst hätte, hätte sie gewusst, dass ich sie liebhabe und ich mich ihr gegenüber verpflichtet fühle. Ich hätte mit ihr laufen sollen.

Wir sollten gemeinsam laufen, auch wenn wir nicht perfekt sind. Wir sollten nicht laufen, weil wir schnell sind oder dies super gut können oder weil wir am Ende immer einen glorreichen Sieg davontragen werden. Sondern, weil wir hintereinander stehen.

Das traf auch auf Josef zu. Josef ließ seine schreckliche Familie nicht im Stich. Er fühlte sich ihnen verpflichtet, nicht, weil sie gut zu ihm gewesen wären, sondern einfach, weil sie seine Leute waren. Seine Brüder fielen ihm in den Rücken, verkauften ihn in eine viele Jahre andauernde Zeit der Sklaverei und der Gefangenschaft, doch am Ende standen sie in ihrer Not vor ihm. Er gab ihnen nicht nur das, was sie brauchten, er gab ihnen sogar alles, was sie sich jemals hätten wünschen können. Sie waren seine Leute, und er setzte sich ganz für sie ein – bedingungslos.

„Ich bin Josef", sagte er zu seinen Brüdern. „Lebt mein Vater noch?" Fassungslos standen die Brüder vor ihm. Sie brachten keinen Ton heraus.

„Kommt doch näher!", sagte Josef. Sie traten zu ihm, und er wiederholte: „Ich bin euer Bruder Josef, den ihr nach Ägypten verkauft habt. Aber ihr braucht euch nicht zu fürchten. Macht euch keine Vorwürfe, dass ihr mich hierher verkauft habt, denn Gott wollte es so! Er hat mich euch vorausgeschickt, um euch zu retten …"

[Der Pharao] sagte zu Josef: „Richte deinen Brüdern aus, sie sollen ihre Tiere beladen und nach Kanaan ziehen. Sag ihnen: ‚Holt euren Vater und eure Familien hierher! Ihr könnt in unserem fruchtbarsten Gebiet wohnen und das beste essen, was es in Ägypten gibt!'" …

Josef gab seinen Brüdern die Wagen und Verpflegung für die Reise. Jedem schenkte er ein schönes Gewand. 1. Mose 45,3–5,17–18,21–22

Wir müssen unsere Leute bewusst auswählen und hinter ihnen stehen, selbst in der Erwartung, dass sie uns verletzen könnten; und wenn sie es tatsächlich tun, dürfen wir sie nicht einfach aufgeben.

Wir müssen unsere Leute bewusst auswählen und hinter ihnen stehen, selbst in der Erwartung, dass sie uns verletzen könnten; und wenn sie es tatsächlich tun, dürfen wir sie nicht einfach aufgeben.

Josef konnte zwar seine Umstände nicht kontrollieren, aber er baute jede Beziehung auf seinem Weg zur Ehre Gottes auf. Nie verschwendete er eine Gelegenheit, anderen zu dienen, auch jenen, die ihm Unrecht getan hatten.

Wen brauchst du?

Wir brauchen nicht einfach nur andere Menschen, wir brauchen die richtigen Menschen. Manchmal erfordert es Disziplin und Aufwand, die richtigen Menschen zu finden. Und dann, wenn wir sie gefunden haben, müssen wir um sie kämpfen. Wir müssen der Zeit mit ihnen Priorität einräumen und immer wieder gnädig mit ihnen sein, weil sogar der beste Mensch der Welt uns irgendwann enttäuschen wird. Und wenn das passiert, liebst du diese Person umso mehr und kämpfst umso härter um sie.

Wenn jemand von euch diese Worte jetzt liest und bei sich denkt: *Ich weiß nicht, ob ich genügend für mich richtige Menschen in meinem Leben habe,* hat er sie wahrscheinlich nicht.

Wir alle lieben Fernsehserien wie *Friends*, weil wir uns zutiefst wünschen, „unsere Leute" zu haben. Enge Freunde und Mentoren fallen einem nicht in den Schoß. Man sucht nach ihnen und investiert in sie, und dann erlaubt man ihnen, unvollkommene Versionen von dem zu sein, was man sich in Gedanken erhofft hatte. Die meisten von uns warten darauf, dass sie von anderen eingeladen werden, dass ihnen nachgegangen wird, dass Freunde auf sie zukommen. Aber so läuft das nicht. Stattdessen sagt die Bibel:

Ihr seid von Gott auserwählt und seine geliebten Kinder, die zu ihm gehören. Darum soll jetzt herzliches Mitgefühl euer Leben bestimmen, ebenso wie Güte, Bescheidenheit, Nachsicht und Geduld. Ertragt einander und vergebt euch gegenseitig, wenn jemand euch Unrecht getan hat. Denn auch Christus hat euch vergeben. Wichtiger als alles andere ist die Liebe. Wenn ihr sie habt, wird euch nichts fehlen. Sie ist das Band, das euch verbindet. Und der Friede, den Christus schenkt, soll euer ganzes Leben bestimmen. Gott hat euch dazu berufen, in Frieden miteinander zu leben; ihr gehört ja alle zu dem einen Leib von Christus. Dankt Gott dafür! Kolosser 3,12–15

Liebe ist ein aktiver Prozess, aber wir sind ziemlich faul. Also ergreife die Initiative. Und wenn du mit anderen Menschen zusammen bist, bemühe dich um Tiefgang in eurer Beziehung. Einer der Wege, wie ich persönlich wachsen und Gott erfahren kann, sind tiefgründige Gespräche mit guten Freunden bei einem guten Essen. Man muss nur die Initiative ergreifen und tiefgehende Fragen stellen, und man muss auch mutig genug sein, ehrliche Antworten zu geben. Bete und finde Wege, die deine Freundschaften auf eine tiefere Ebene führen.

Wer braucht dich?

Bevor Julie wusste, dass mit ihrem Herzen etwas nicht stimmte, machte sie eine Ausbildung zur Kinderkrankenschwester und arbeitete in der Kinderkardiologie. Letzte Woche betrat ich einen großen Raum, in dem Julie gerade zu Männern und Frauen, die ebenfalls Herzprobleme hatten, über ihr Herz und den Tod und ihren Glauben sprach. Sie hat Menschen, die ihr nahestehen und sie auf dieser Reise begleiten, aber in ihrem Leben gibt es auch ihre Patienten und andere Menschen mit Herzproblemen. Sie haben das Bedürfnis, von der Hoffnung und dem Glauben zu hören, dass es ein Leben nach dem Tod gibt und einen Gott, der sie mit dem Blut seines Sohnes gerettet hat.

> Er möchte, dass die Menschen in deiner Umgebung ihn kennenlernen, und er geht ihnen mit deiner Hilfe nach.

Wer kann da noch von einem Zufall sprechen? Dass sie dafür ausgebildet wurde, sich um andere Herzen zu kümmern, während ihr eigenes Herz nicht mehr richtig funktionierte, und sie dies noch nicht einmal wusste? Dass sie neben Betten von Kindern steht, die an einer Herzkrankheit sterben werden, und sie ihnen vom Himmel erzählen kann? Das soll Zufall sein? Nein, Gott hat sie an genau diesen Platz gestellt. Und in Apostelgeschichte 17,27 steht: „Das alles hat er getan, weil er wollte, dass die Menschen ihn suchen. Sie sollen mit ihm in Berührung kommen und ihn finden können."

Er möchte, dass die Menschen in deiner Umgebung ihn kennenlernen, und er geht ihnen mit deiner Hilfe nach.

Vielleicht fühlt sich dein Leben beliebiger und zusammenhangsloser an als das von Julie, aber du kannst nicht ihre Geschichte hören und mir sagen, dass die Dinge von Gott nicht manchmal so gelenkt werden, dass das Gute und das Böse sich überschneiden. Und du kannst mir auch nicht sagen, dass er die Details im Leben von Julie oder Josef geplant hat, aber deines ignoriert.

Das nächste Mal, wenn du an einem öffentlichen Ort bist, tu mal was Unangenehmes und schau den Leuten direkt in die Augen. Die Menschen – fast alle – tragen Verletzungen mit sich herum, auch wenn sie darüber nicht sprechen. Und wir haben ein Heilmittel für sie, indem wir ihnen von Gott erzählen. Das wird letztlich uns wieder Freude schenken. Ich bin zu keinem Augenblick glücklicher, als wenn ich mich der Not anderer Menschen annehmen kann.

Josef sah seine Brüder an und sagte sinngemäß: „Womit ihr böse Absichten verfolgt habt, hat Gott die Absicht verfolgt, viele Menschenleben zu retten."[1]

Trotz allem, was sie ihm angetan hatten, dachte er, das sei es wert gewesen, da es letztendlich zum Wohle der Menschen diente.

Irgendwann müssen wir entscheiden, ob es das wert ist oder nicht, unser Leben damit zu verbringen, anderen Menschen zu helfen, von ihren Fesseln befreit zu werden. Ob es das wert ist, uns ihrer Not anzunehmen, sie beim Laufen anzufeuern und ihnen Gott nahezubringen. Und wenn ich mich dafür von anderen nur verspottet, abgelehnt und verletzt fühle, ist es das dann immer noch wert?

Diese Frage müssen wir uns alle stellen. Ist es das wert, weil du damit viele Leben retten kannst?

Wer also um dich herum braucht Gott?

Bete darüber.

Gehe ihnen nach.

Stelle ihnen Fragen.

Erzähle ihnen von deinen eigenen Kämpfen und deinem Gott.

Träume von Wegen, wie du ihren Nöten begegnen kannst.

Geh Beziehungen mit Leuten außerhalb deiner Kreise ein. Einige meiner schönsten Augenblicke im Leben hatte ich, als ich meine Komfortzone verließ. Zum Beispiel, als ich zusammen mit einigen meiner Freunde ein paar Frauen aus einer örtlichen Resozialisierungseinrichtung zum Bowlen mitnahm. Ich weiß noch, wie ich neben der Bowlingbahn saß mit einer Frau, die gerade aus dem Gefängnis entlassen worden war und mehr Freude ausstrahlte, als ich wohl in meinem ganzen Leben erlebt hatte. Sie würde bald ihre Kinder treffen, die sie seit Jahren nicht gesehen hatte. Ihre Freude und ihr Blick auf die Zukunft veränderten mich – und solche Erlebnisse brauche ich, damit ich selbst verändert werde.

In Gottes Wirtschaftssystem gibt es einen schönen Tauschhandel: Wenn wir geben, wachsen wir.

In Gottes Wirtschaftssystem gibt es einen schönen Tauschhandel: Wenn wir geben, wachsen wir.

Suche nach Risiken und tu auch mal unbequeme Dinge. Dabei verhält man sich nicht etwa wie ein Dummkopf, man investiert vielmehr weise in die zwei einzigen Dinge, die unsterblich sind: Gott und die Seele anderer Menschen.

Aber wenn wir weiter herumwursteln, werden wir dies alles verpassen.

Als Zac und ich unsere Gemeinde leiteten und liebten, zeigte sich, dass einige der Menschen, die wir am meisten brauchten und liebten, gleichzeitig die Menschen waren, die uns am meisten verletzten. Ich erinnere mich, wie ich mich bemühte, ihnen zu vergeben, und ich mich fragte, ob mir das jemals gelingen würde. Es zeigt sich, dass zum Lieben anderer Menschen auch unvermeidbar gehört, dass man tief verletzt wird. Wenn wir sie nicht so sehr lieben würden, würde es nicht so unglaublich wehtun.

Aber hier passiert etwas Größeres. „Denn wir kämpfen nicht gegen Menschen, sondern gegen Mächte und Gewalten des Bösen, die über diese gottlose Welt herrschen und im Unsichtbaren ihr unheilvolles Wesen treiben" (Epheser 6,12). Als ich damals diesen Vers las, konnte ich all die Menschen, die uns verletzt hatten, mit einem gewissen Abstand betrachten und deutlich sehen, dass es hier nicht um sie und mich ging. Es war in Wirklichkeit der Teufel, der versuchte, einen Keil zwischen uns zu treiben – um unsere Beziehungen und unsere Gemeinde zu zerstören. Ich kämpfte nicht gegen sie und sie kämpften nicht gegen mich. Wir liefen alle unser Rennen, und dunkle Mächte verfolgten uns, griffen uns an, entmutigten uns und taten alles, um uns dazu zu bringen, das Rennen aufzugeben.

Plötzlich konnte ich vergeben. Wir führen keinen Krieg gegen Fleisch und Blut. Es gibt einen Krieg, aber nicht gegeneinander. Satan hätte gerne, dass wir das glauben.

Was Josef ganz klar hatte – das lässt sich immer wieder aus seinen Worten heraushören –, war Vertrauen in Gott. Dieses unablässige, bedingungslose Vertrauen ergab eigentlich keinen Sinn.

„Was ihr mir angetan habt? Ich glaube absolut, aus ganzem Herzen, dass es von Gott kam. Hier ging es nicht um meine Brüder oder darum, dass mein Vater mich ihnen vorzog. Hier ging es um Gott. Hier ging es um etwas Größeres, das auf der Erde geschehen sollte."

Bewusst auf andere zugehen

Fünf Jahre, bevor Sarah Henry ihre Schlaganfälle hatte, saß sie auf meinem Bett und sah zu, wie ich für eine Reise packte. Sie war unruhig, weil ich wegfahren wollte. Ich war eine ihrer wenigen Freundinnen, denn sie war erst vor kurzem nach Austin gezogen. Sie fragte sich laut, ob sie jemals wieder solche Freunde haben würde wie damals auf dem College. Ich sah sie an und sagte: „Hör auf, darauf zu warten, dass Leute auf dich zukommen. Das werden sie nicht. Geh du auf sie zu!"

Als Sarah durch ihre Schlaganfälle dem Tod sehr nahe war, passten wir gar nicht alle in die Wartezimmer vor der Intensivstation. Irgendwo inmitten von drei Kindern und einem geschäftigen, vollen

Leben in diesen fünf Jahren ging sie auf andere zu. Sie stellte Fragen, ging Risiken ein, indem sie ihre verletzliche Seite zeigte, und sprach mit uns über ihren Gott. Sie liebte andere Menschen auf eine schöne Art und Weise, und viele, viele Menschen nennen Sarah ihre Freundin.

In unserem Leid tun wir gemeinsam unser Bestes, Sarah – die so viel verloren hat – zurückzugeben, was sie uns gegeben hat. Und während ihr Gesundheitszustand langsam besser wird, beten wir. Wir gehen auf sie zu. Wir lassen sie tief in unsere Seele blicken, während sie uns mit ihrem ganzen Körper und ihrer so einzigartigen Persönlichkeit zuhört, und dann vertrauen wir sie dem Gott an, den sie uns auf so vielfältige Weise gezeigt hat.

Und während die Welt zuschaut, fragen wir uns alle: „Wenn wir in diesem Bett liegen würden, hätten wir mit genug Tiefe gelebt, um auch solche Freunde zu haben?"

Sarah, Josef und Jesus verschwendeten keine Zeit mit dem Versuch, ihre Umstände zu kontrollieren. Sie investierten ihre Zeit darin, andere Menschen bedingungslos zu lieben und ihnen zu dienen. Das ist die beste Investition unseres Lebens.

MENSCHEN

Schreibe auf

Träume von den Menschen, die du brauchst, und den Menschen, die dich brauchen. Schreibe ein paar Namen von Leuten auf, mit denen du bewusst mehr Zeit verbringen möchtest.

Notiere in deinem Notizbuch die Menschen, die du brauchst und auch diejenigen, die dich brauchen.

MENSCHEN, DIE DU BRAUCHST, KÖNNEN SEIN

Mentoren
Freunde
Familie
Andere

MENSCHEN, DIE DICH BRAUCHEN, KÖNNEN SEIN

Nachbarn
Kollegen
Freunde
Familie
Menschen außerhalb deines Bekanntenkreises, z. B. Gefängnisinsassen, Senioren, Bedürftige
Andere

KAPITEL 16

UNSERE VERSCHIEDENEN LEIDENSCHAFTEN

William Wilberforce kannte seine Leidenschaft. Als junger Mann unterdrückte er sie zunächst, aber sie ließ ihn einfach nicht los. In dieser Zeit wurde er vollkommen vom Glauben an Jesus gefesselt. Er lernte Gott kennen und wollte nichts mehr, als hauptamtlich Dienst für Gott zu tun; er war überzeugt davon, dass dies der beste Weg sei, Gott zu dienen. Aber die wirkliche Leidenschaft, die ihm schlaflose Nächte bereitete und ihn durch die Flure laufen und mit der Hand auf den Tisch schlagen ließ, war der Wunsch, etwas gegen das nicht hinnehmbare Unrecht des Sklavenhandels in England zu tun.

Sein Pastor, John Newton, ein ehemaliger Sklavenhändler, hatte ihn über den Schrecken der Sklaverei aufgeklärt, und seitdem ließ William dieses Thema nicht mehr los. Gott hatte ihm eine Begabung für Kommunikation gegeben, darüberhinaus hatte er die Empathie eines Menschen, der selbst Leid erfahren hatte, verfügte über eine einflussreiche Stellung im britischen Unterhaus und hatte eine tiefe, lebenslange Freundschaft zum Premierminister von England. Außerdem hatte er eine Not vor Augen, die zu fürchterlich war, als dass er sie hätte ignorieren können. Ein Dutzend oder mehr Bereiche seines Lebens wurden, wie Fäden, durch die Hand Gottes langsam zu einer großen Berufung zusammengefügt.

Schließlich überzeugten Wilberforce' Freunde ihn, dass Gott ihn am besten als Politiker gebrauchen könnte. Daraufhin widmete er sich mit vollem Einsatz der einen Sache, die ihn nicht losließ. Es war mühsam, und den Großteil seines Lebens konnte er keine Reformen sehen.[1] Aber irgendwann wurde aus seinen Leidenschaften eine Berufung. Wenn das passiert, sind die Kosten irrelevant.

Nimmst du Not um dich herum wahr?

Oft entgeht uns dieser wichtige Punkt in Josefs Geschichte, aber er ist entscheidend. Was tat Gott durch Josefs jahrzehntelanges Leid? Formte er Josefs Charakter? Ja. Brachte er Josef wieder mit seiner Familie zusammen? Ja. Aber letztendlich verfolgte Gott mit Josefs Leben die Absicht, das Leben von vielen Menschen zu retten. Und am Ende von Josefs Leben sagte er seinen Brüdern, es sei das alles wert gewesen.

Not

Jeder Christ weiß, dass Jesus uns eine grundlegende Berufung schenkt: als Christ zu leben. Christus begegnete der Not anderer Menschen. Und all unsere Leidenschaften dienen allein dem Zweck, uns zu den speziellen Nöten zu führen, an denen wir etwas ändern können. Wilberforce und Josef waren keine besonders spektakulären Menschen; sie setzten einfach nur ihr Leben ein, um die Probleme ihrer jeweiligen Generation zu lösen. Auch wir könnten das tun. Und zusammen, als ein Leib mit vielen Körperteilen, können wir sehen, wie Gott etwas bewegt.

Das Wort Passion (Leidenschaft) hat seinen Ursprung im Lateinischen und bedeutet „Leiden". Das Wort wurde von religiösen Gelehrten im 11. Jahrhundert geschaffen, um das freiwillige Leiden Christi zu beschreiben. Passionen werden heute fast gleichgesetzt mit Vergnügungen und dem, was wir in der modernen Kultur als anregend empfinden. Aber wir sollten bedenken, dass Passion ursprünglich als der Moment des tiefsten, freiwilligen Leidens Christi zu unserem Heil definiert wurde. Es hebt das Wort von der Ebene des menschlichen Verlangens auf die Ebene einer gewaltigen Liebe, die bereit ist zu leiden.

Wenn wir dazu bereit sind, für eine Sache Leid in Kauf zu nehmen, könnte in dieser Sache die Berufung unseres Lebens liegen.

Gott zeigt uns häufig unsere Passionen durch Leid, das wir selbst erfahren oder bei anderen wahrgenommen haben. Als du auf dieser Reise deine Narben betrachtet hast, hast du hoffentlich gesehen, wie in deinen dunkelsten Momenten auch Leidenschaften in dir entfacht wurden. Man sehnt sich danach, der Welt das zu geben, was man selbst nicht bekommen hat. Passionen entstehen auch dann, wenn man das Leid anderer Menschen sieht.

Gott zeigt uns häufig unsere Passionen durch Leid, das wir selbst erfahren oder bei anderen wahrgenommen haben.

William Wilberforce sah Leid, und als es ihn nicht losließ, entbrannte in ihm eine Leidenschaft mit solcher Intensität, dass diese ihn schließlich zu seiner Berufung führte. Josef musste in seinem Leben großen Schmerz erdulden, aber sein Leid erweckte in ihm eine tiefe Passion für Versöhnung und die Versorgung von Menschen. Von Natur aus haben wir keine Passionen für andere; von Natur aus sind wir leider ziemlich selbstsüchtig.

Aber wenn wir von Christus erkauft wurden, tauschen wir unser Herz voller selbstsüchtiger Leidenschaften gegen Gottes Herz ein. Und jetzt teilen wir seine Passionen. Durch seinen Propheten sagte Gott:

Mit reinem Wasser besprenge ich euch und wasche so die Schuld von euch ab, die ihr durch euren abscheulichen Götzendienst auf euch geladen habt. Allem, was euch unrein gemacht hat, bereite ich dann ein Ende. Ich will euch ein neues Herz und einen neuen Geist geben. Ja, ich nehme das versteinerte Herz aus eurer Brust und gebe euch ein lebendiges Herz. Mit meinem Geist erfülle ich euch, damit ihr nach meinen Weisungen lebt, meine Gebote achtet und sie befolgt. Hesekiel 36,25–27

Unsere Herzen sind neu, und jetzt ist das, was kalt war, warm und voller Barmherzigkeit, geführt und bewegt von Gottes Geist.

Dafür wurden wir geschaffen. Was als Last und Verpflichtung anfängt, wird zu einer Sache, die unsere rastlose Seele erfüllt.

Im Film „Amazing Grace“ rennt William Pitt mit Wilberforce über ein Feld und sagt zu ihm: „Wieso merkt man Dornen erst, wenn man aufhört zu rennen?“[2] Wenn wir für Gott und andere Menschen laufen, vergessen wir einen Moment lang uns selbst, und es fühlt sich toll an. Nichts macht eine Seele kränker als zu viel Zeit mit sich selbst zu verbringen.

Nichts macht eine Seele kränker als zu viel Zeit mit sich selbst zu verbringen.

Es ist wie bei meinem Fünfjähren, den ich dazu zwingen muss, den Hinterhof aufzuräumen. Jede einzelne Sekunde scheint ihm körperliche Qualen zu bereiten, bis er fertig ist, zu mir aufsieht und sagt: „Ich bin ein guter Aufräumer! Das hat Spaß gemacht.“

Wenn wir faul und selbstsüchtig sind, sind wir nie wirklich glücklich. Die Dinge, von denen wir oft glauben, sie würden uns die Freude rauben, erweisen sich als die besten Quellen der Freude, die es gibt.

Schön

Nur, weil Gott uns liebt und das Leben für uns schöner machen wollte, wurden wir so erschaffen, dass wir verschiedene Dinge lieben, damit wir verschiedenen Nöten begegnen können. Meine Tochter Kate zum Beispiel liebt Kunst, und Caroline singt lieber. Mein Sohn Conner ist gescheiter als die meisten anderen Menschen, und Coop könnte einmal ein American-Football-Star werden. Und jeder von ihnen darf diesen Leidenschaften zur Ehre Gottes und aus Liebe zu anderen Menschen nachgehen.

Es ist schön, dass dein Herz nicht bei denselben Dingen höherschlägt wie meines. Es ist schön, dass deine Begabungen nicht dieselben sind wie die deiner Mutter und dein Ort nicht derselbe ist wie der deiner besten Freundin. Wenn wir anfangen, die verschiedenen Fäden unseres Lebens vor uns auszubreiten, ist es unglaublich – sogar atemberaubend – zu sehen, wie das, was wir vor ein paar Wochen an uns noch als durchschnittlich wahrgenommen haben, auf einmal eine komplexe Schönheit annimmt. Unsere sich entwirrenden Lebenslinien offenbaren Gottes Souveränität und sein Auge fürs Detail. Wie schön ist doch der Leib Christi, verbreitet über die ganze Erde und ausgegossen in jede Stadt, jede Nachbarschaft, jedes Büro, jedes Zuhause. Es sind die selbstlosen Leidenschaften von Menschen, die die Liebe zu ihrem Gott auf millionenfache Weise zeigen.

Frederick Buechner hat dies einmal so ausgedrückt: „Der Platz, an den Gott dich stellt, liegt dort, wo deine Freude und der tiefe Hunger der Welt sich treffen.“[3]

Und wie schön sind deine einzigartigen Lebenslinien, die dich dazu bringen, auf den Tisch zu hauen, im Bett wach zu liegen oder mit Ausrufezeichen zu sprechen.

• • •

Als ich zusammen mit einer meiner Kleingruppen aus unserer Gemeinde in Austin dieses Konzept durcharbeitete und bei dem Thema: Welche Not seht ihr um euch herum? angekommen war, schaute ich in die Runde und erblickte in Amandas Hand Seiten voller handgeschriebener Notizen. Sie war total aufgeregt, und es war offensichtlich, dass Amanda kurz vorm Platzen war. Also gab ich ihr das Wort. Daraufhin erzählte sie uns von einem Durchbruch in ihrem Leben.

Amanda ist eine Kollegin von Rachel und arbeitet als Sprachtherapeutin. Sie war sich schon immer bewusst, wie wichtig ihre Arbeit für Kinder mit ernsthaften Sprachstörungen ist, von denen einige sogar überhaupt nicht sprechen können. Sie fuhr fort: „Tief in mir habe ich schon immer gewusst, dass ich aufgrund meiner Ausbildung und meiner Begabungen mit diesen Kindern manchmal sogar besser kommunizieren kann als ihre eigenen Eltern. Aber diese Woche hörte ich von einem erwachsenen Mann, der dieselbe Behinderung hat wie viele meiner Kinder, nämlich eine Gehirnlähmung. Roger erzählte, wie allein er sich in seinem Kopf fühle, weil er nicht deutlich reden könne, und dass Jesus der einzige Grund sei, weshalb er sich noch nicht das Leben genommen habe. Die ganze Zeit hatte ich es bereits vor Augen, aber dies war das erste Mal, dass ich dachte: *Ich kann diesen Kindern von Jesus erzählen.*

Also rief ich Rachel an, und zusammen veranstalten wir diesen Sommer eine Bibelfreizeit für Menschen mit besonderen Bedürfnissen. Die meisten dieser Familien sind noch nie zur Kirche gegangen, und diese Kinder haben vorher womöglich noch nie von Jesus gehört."

Es war so einfach und so schön. Ihr Herz brannte für diese Menschen, weil ihre Not sie nicht losließ, und sie setzte ihre Begabungen ein und die Tatsache, dass auch sie früher ohne Gott gelebt hatte, um ihnen zu helfen. Und nun führte der Heilige Geist sie zu ihrem Teil in seiner Geschichte. Ganz gewöhnliche Lebensfäden wurden zu einer wunderbaren Geschichte zusammengewebt. Es ist alles gar nicht so kompliziert, wie wir es immer machen.

Passionskiller

Nichts tötet eine Leidenschaft mehr als die Angst vor anderen Menschen, sei es durch den Kampf um Anerkennung oder nagende Vergleiche. Deshalb ist es auch so wichtig, dass wir während unseres Wettlaufs unsere Augen auf Jesus gerichtet halten!

Als junge Gläubige wurde ich mir meiner Begabungen bewusst und nahm vermehrt die Not um mich herum wahr. Ich weiß noch, wie in mir eine Leidenschaft dafür entfacht wurde, Frauen zu lehren; aber ich dachte bei mir selbst: *Warum sollte ich überhaupt andere Frauen lehren, so lange es Videos von der Evangelistin Beth Moore gibt?*

Ich verglich mich mit ihr, statt meine Augen auf Jesus zu richten. Dadurch wurde ich davon abgelenkt, mein eigenes Rennen direkt an meinem Ort zu laufen.

Das, was jetzt kommt, ist wichtig. Dein Rennen kannst nur du laufen. Also, bitte lauf es. „Alles aber, was wir nicht in diesem Vertrauen [auf Christus] tun, ist Sünde" (Römer 14,23). Dieser Vers sollte uns alle erzittern und erkennen lassen, dass wir die schlimmsten Sünder sind. Wie kann man nur alles im Vertrauen auf Christus tun? Wir alle zweifeln und bekommen Angst und neigen dazu, uns in unserem Leben komplett nur um uns selbst zu drehen. Ohne Gott sind wir nicht in der Lage, uns zu bewegen. Er ist es, der uns bewegt, wir müssen ihn nur lassen.

Wenn du besorgt bist, weil du deine Leidenschaften noch nicht kennst oder nicht weißt, ob du sie bereits lebst oder sie überhaupt jemals leben könntest – wenn du dich selbst ohrfeigst, weil du nicht zielbewusst gelebt hast – hör auf damit. Wir werden erst dann Fortschritte machen, wenn wir

- andere Menschen lieben,
- Gott kennenlernen,
- uns selbst kennenlernen,
- uns verändern und
- bereit sind, für andere zu leiden.

Wir können uns nicht bewegen, ohne dass Gottes Geist in und durch uns etwas bewegt, um seine Pläne umzusetzen. Wir sind nicht als Waisen zurückgelassen worden, die alleine klarkommen müssen. Er ist immer bei uns. Deswegen konnte Jesus sagen: „Das Joch, das ich euch auflege, ist leicht, und was ich von euch verlange, ist nicht schwer zu erfüllen" (Matthäus 11,30). Weil wir bei der Sache, zu der er uns beruft, nicht allein sind. Er trägt das Joch für uns, damit wir Kraft für unseren Lauf haben.

LEIDENSCHAFTEN

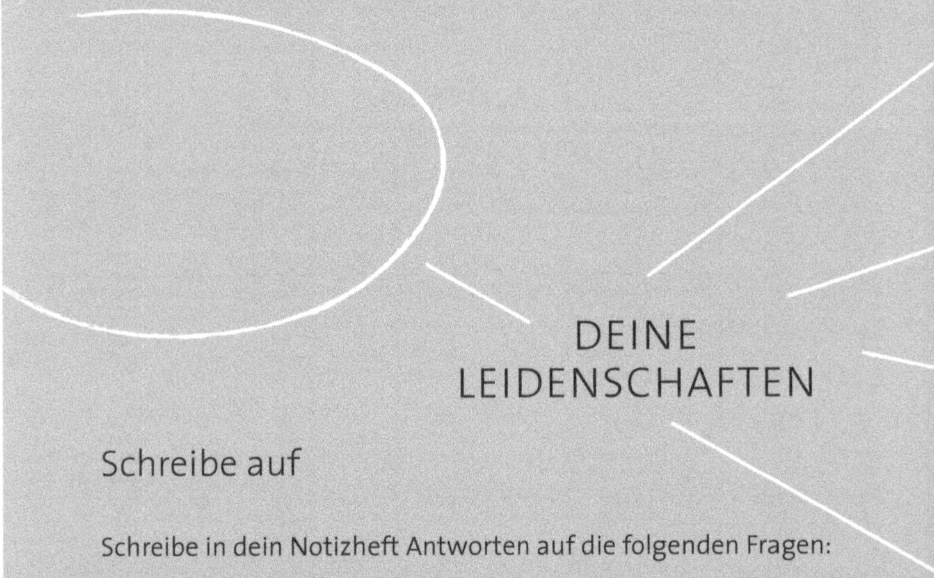

Schreibe auf

Schreibe in dein Notizheft Antworten auf die folgenden Fragen:

- Welche Not siehst du um dich herum?
- Welche Ungerechtigkeit macht dich verrückt?
- Wann hast du dich schon mal der Not anderer Menschen angenommen und dich dabei sehr erfüllt gefühlt?

Übertrage die Skizze aus dem Buch in dein Heft und schreibe in die Kreise deine größten Leidenschaften. Notiere um sie herum Träume und Wege, wie du diese Leidenschaften umsetzen könntest.

KAPITEL 17

DER SCHNEIDERMEISTER

Shelby ist echt selbstbewusst – zumindest glaubte ich das. Sie stand am Anfang ihres Abschlussjahres an der Universität von Texas, und ihr langes blondes Haar und ihr schönes Lächeln täuschten mich darüber hinweg, dass sie in Wahrheit ganz schön zu kämpfen hatte. Sie versuchte, einen liebenden Gott mit einem kaputten Leben zu vereinbaren. Ihre Eltern waren frisch geschieden, ihr Herz durch eine gescheiterte Beziehung gebrochen, und sie suchte nach Antworten. Sie saß an meiner Küchentheke und wartete darauf, dass ich ihr eine Frage stellte, von der sie wusste, dass ich die Antwort auch ernsthaft wissen wollte: „Wie geht es dir?"

Während ich den Abwasch erledigte, begann sie, mit einem Kaffee in der Hand ihre Zweifel im Hinblick auf Gott und ihre Zukunft vor mir auszubreiten. Dann griff sie nach einem Notizbuch, in das sie Fragen und Dinge notiert hatte, mit denen sie zu kämpfen hatte – womöglich hatte sie das alles aufgeschrieben, als sie nachts nicht schlafen konnte.

Als sie auf ihre Notizen schaute, schossen die Fragen nur so aus ihr heraus, und auf die meisten hatte ich leider keine perfekte Antwort. Dann stellte sie eine Frage, die mir selbst sehr vertraut war, und ich erschauderte ein bisschen.

„Woher weiß ich eigentlich, dass es Gott ist, der zu mir spricht?"

Ich erschauderte, weil ich mir genau dieselben Gedanken machte und ich das Gefühl gehabt hatte, ich bräuchte jemanden, mit dem ich gemeinsam nach der Antwort suchen könnte. Gott hatte zwar begonnen, mich in Richtung meiner Träume zu führen, aber ich hatte Angst, diese könnten nicht von ihm kommen. Was, wenn ich einen Schritt nach vorne machte und alles nur aus mir selbst heraus kam?

Die wirkliche Frage, die wir uns stellen, ist Folgende: „Da Gott nur selten Botschaften in den Himmel schreibt, wie kann ich wissen, was wirklich geistlichen und übernatürlichen Ursprungs ist und was davon nur meine eigenen nutzlosen Gedanken sind?"

Das Menschliche vom Göttlichen zu trennen ist keine kleine Aufgabe. Dafür müssen wir Gott kennen und dann nach Antworten in den unsichtbaren Spalten unserer Seele und in der Bibel graben.

Von Beginn dieser Reise an habe ich hoffentlich deutlich gemacht, dass es keine perfekte Gleichung gibt, die zu einer klaren und erfüllenden Bestimmung führt. Und das gehört zur Brillanz unseres Gottes dazu.

Was fehlt?

Wie viele Menschen auf der ganzen Welt haben auch wir uns die Miniserie „Die Bibel" auf dem History Channel angesehen. Zu sehen, wie sich die in der Bibel beschriebenen Ereignisse wirklich angefühlt haben könnten, hat mich verändert. Als ich sah, wie Jesus sich dazu entschied, 40 Tage und Nächte allein ohne Nahrung oder Wasser in der Wüste zu verbringen, konnte ich nur denken: *Du bist Gott! Warum tust du dir das an? Du brauchst doch keine extra Kraft, wenn du der Sohn Gottes bist! Muss dein Geist für das, was vor dir liegt, denn wirklich noch gestärkt und vorbereitet werden?*

In der Serie bereitet sich Jesus, nachdem er die Wüste verlassen und dem Teufel widerstanden hat, auf seinen Dienst vor, und er schließt dabei seine Augen. Meine Tochter, die sich die Serie mit mir zusammen ansah, fragte: „Mama, was macht er da?"

Ich sagte: „Er betet, Kleines."

Obwohl ich schon dutzende Male davon gelesen hatte, dass Jesus betete, war ich von diesen Bildern zutiefst berührt. Unser Retter, ganz Gott, der mit jedem Atemzug von seinem Vater abhing, der nie etwas außerhalb des Willens seines Vaters tat, niemals sündigte, sich niemals irdischem Verlangen beugte – er wollte so sehr den Willen seines Vaters ausleben, dass er sich selbst 40 Tage ohne Nahrung oder Wasser oder andere Menschen zumutete. Dieses Verhalten war so demütig und gleichzeitig so schön.

Jesus wusste, dass er einen Krieg zu kämpfen hatte, und bei diesem Krieg ging es um uns Menschen. Wir sollten zurückerobert werden, und er würde immer und immer wieder das Leid wählen, bis er uns zurück hätte.

Seine Augen schließen sich; und Jesus, mein Herr und Retter, betet.

Das erinnert mich an den Krieg um meine Seele – der stille, subtile und verlockende Strom, der mich in eine zweifelhafte Unabhängigkeit ziehen will. Gebet ist hart. Man redet mit jemandem, der unsichtbar ist. Und man muss versuchen zu glauben, dass dieser unsichtbare Gott uns hört und antwortet. Denn eigentlich neige ich nicht dazu, mit unsichtbaren Wesen zu sprechen.

Wenn wir ehrlich sind, ist die Sünde der Gebetslosigkeit weit verbreitet. Es fällt uns schwer, allein mit uns still zu sitzen. Wir fühlen uns rastlos und missmutig, und der Gedanke, uns mit Gott zu beschäftigen, wirkt auf uns abschreckend. Aber wenn wir gefragt werden: „Betest du?“, würden wir alle antworten: „Natürlich!“ So als würde uns jemand fragen: „Liebst du Gott?“ – Natürlich.

Aber nehmen wir uns am Tag wirklich immer wieder die Zeit dafür, Worte in unserem Kopf und unserem Herzen und mit unserem Mund an einen unsichtbaren Gott zu richten? Oder bezieht sich das „natürlich“ eher auf Tischgebete und Gute-Nacht-Gebete mit unseren Kindern? Oder das dahingeworfene „danke, Gott“, wenn das Flugzeug pünktlich und intakt landet? Oder ist das „natürlich“ eher eine Lüge, weil du dich, wenn du ehrlich bist, gar nicht wirklich daran erinnern kannst, wann du das letzte Mal mit Gott geredet hast? Nicht über ihn – mit ihm.

„Hört niemals auf zu beten“ (1. Thessalonicher 5,17). Paulus deutet in diesem Vers an, dass unser ganzes Leben im Glauben an und in Abhängigkeit von diesem unsichtbaren Gott gelebt werden kann und soll. Unsere Generation hat die Fesseln der Gesetzlichkeit so sehr abgeschüttelt (was ich prinzipiell begrüße), dass viele von uns nicht länger die Dinge praktizieren, die uns helfen, unseren Gott besser kennenzulernen und ihn zu lieben. Ich möchte die Notwendigkeit des Gebets sehen, mich danach sehnen und es mit Disziplin praktizieren.

In unserem Krieg geht es um zwei Dinge: Zum einen darum, ihn zu gewinnen, aber Gott hat zum anderen auch deutlich gemacht, dass wir persönlich und täglich wachsen, wenn wir uns an ihm festhalten. Gottes Ziel für unser Leben ist, dass wir in vollständiger und äußerster Hingabe und Abhängigkeit von ihm leben. Es ist immer seine Gnade, dass er uns dieses Bedürfnis zeigt.

Wenn wir also darüber nachdenken, wie wir unser Leben verbringen sollen, sollten wir wissen, dass nichts, was wir hier zusammen getan haben, irgendeine Bedeutung hat, wenn uns Gottes Geist fehlt. Er erleuchtet unser Verständnis von Gott und von uns selbst, und er leitet uns jeden Tag. Er ermächtigt jeden unserer Schritte, den wir für seine Ehre gehen. Er ist Gott in uns, mit uns, für uns und durch uns. Ich möchte keinen einzigen Tag meines Lebens verbringen, ohne so viel von Gott zu umarmen, wie ich kann.

Jesus sagte über den Heiligen Geist:

Ein Mensch kann immer nur menschliches Leben hervorbringen. Wer aber durch Gottes Geist geboren wird, bekommt neues Leben. Wundere dich deshalb nicht, dass ich dir gesagt habe: „Ihr müsst neu geboren werden.“ Es ist damit wie beim Wind. Er weht, wo er will. Du hörst ihn, aber du kannst nicht erklären, woher er kommt und wohin er geht. So ist es auch mit der Geburt aus Gottes Geist. Johannes 3,6–8

Wenn Jesus uns rettet, erhalten wir vollen Zugang zu seinem Geist. Wir haben eine regenerierte Seele.

Regenerieren:

- erneuern, mit neuer Kraft versehen, neu beleben
- neu entstehen, sich neu bilden
- durch entsprechende Behandlung, Bearbeitung wiederherstellen[1]

Es ist ein seltsames Wort, aber es gehört zu meinen Lieblingsworten, weil mein Inneres komplett erneuert und verändert wurde. Das ist der Beweis für meine Rettung; es ist der Beweis für Gott in mir und die einzige Grundlage, auf der wir davon träumen können, Gott zu gefallen. Es nimmt das Streben aus eigener Kraft und das Vergleichen weg, zu dem ich in diesem Leben neige.

Ohne eine erneuerte Seele, ohne die Erfüllung durch den Geist Gottes sind wir nur kaputte Menschen.

Aber mit seinem Geist …

Wenn wir auch nur die leiseste Ahnung hätten, was uns entgeht, weil wir nicht beten, weil wir nicht glauben, dass der Geist in uns unglaubliche Dinge tun kann, würden wir erschaudern. Du hast Gott in dir, der nur darauf wartet, unglaublich viel durch dich zu bewegen, wenn du ihn nur lassen würdest.

Nachdem Jesus von den Toten auferweckt worden war, erschien er seinen Jüngern und bestätigte ihnen, was geschehen war. Und er gab klare, überzeugende Anweisungen: „Ich werde den Heiligen Geist zu euch herabsenden, den mein Vater euch versprochen hat. Bleibt hier in Jerusalem, bis ihr diese Kraft von oben empfangen habt!" (Lukas 24,49).

Das war ein großer Moment. Jesus erklärte seinen Männern genau, was gerade geschehen war, und stellte die Verbindung zu den Prophezeiungen in der Schrift her. Er gab ihnen außerdem Anweisungen, wie sie nun weiter vorgehen sollten. In diesem einen kleinen Satz lag so viel, das die Männer sich für ihr Leben mitnehmen konnten.

Wir brauchen Gott

Wir haben nicht die Kraft, unsere eigene Seele oder andere Menschen zu verändern. Manchmal hat diese Tatsache mich gelähmt und frustriert, so lange, bis ihre Wahrheit sich in Freiheit verwandelt hat. Ich will nicht für das verantwortlich sein, was nur von Gott selbst getan und erreicht werden kann.

> Ich will nicht für das verantwortlich sein, was nur von Gott selbst getan und erreicht werden kann.

Es ist möglich, dass du mit ganzem Herzen in der Bibel nachgeforscht und zu Gott gebetet hast, er möge dir seinen Willen zeigen; dass du jede Aufgabe in diesem Buch erfüllt hast und immer noch unsicher bist, was deine Bestimmung ist. Tröste dich. Diese Reise ist ein Prozess, den Gott in dir angestoßen hat. Und er kennt uns gut genug, um zu wissen, dass er uns an sich binden muss, weil es so vieles gibt, was wir nicht wissen. Durch das, was wir zu wissen glauben, verlieren wir diese Abhängigkeit.

Neulich kam mein 13-jähriger Sohn in mein Zimmer, setzte sich aufs Sofa und sagte: „Mama, ich muss dir von meinem Tag erzählen."

Sofort hatte ich die Vermutung, der Schulleiter habe ihm aufgetragen, mir davon zu erzählen, was er heute in der Schule angestellt hatte. Aber stattdessen fing er an, über seine Freundschaften zu reden und das Mädchen, dessen Herz er vor kurzem gebrochen hatte, und er dachte mit mir zusammen laut darüber nach, wie er sich weiter verhalten sollte.

Zum ersten Mal seit Monaten brauchte mein Sohn mich, und er hätte nichts Spektakuläreres tun können, um mir seine Liebe zu mir zu zeigen.

Schließe deine Augen, wie Jesus es tat, und bete. Jetzt. Wo auch immer du bist, sag Gott, dass du ihn brauchst. Oft vergessen wir, dass wir ihn brauchen, aber er freut sich so sehr, wenn er dies von uns hört. Und das Schöne ist, dass wir so oft daran erinnert werden, wenn wir unser Leben an seinen Absichten ausrichten. Wenn wir etwas für ihn aufbauen, erinnert uns sein Geist daran, dass wir ihn täglich brauchen.

Ich erinnere mich, dass ich Gott brauche, wenn …

… ich mich von Sünde und Angst wie gefesselt fühle.
Denn der Geist, den Gott uns gegeben hat, macht uns nicht zaghaft, sondern er erfüllt uns mit Kraft, Liebe und Besonnenheit. 2. Timotheus 1,7

… ich nicht weiß, was ich tun soll.
Meine Schafe hören meine Stimme; ich kenne sie, und sie folgen mir nach. Johannes 10,27

… ich vergesse.
Der Heilige Geist, den euch der Vater an meiner Stelle als Helfer senden wird, er wird euch alles erklären und euch an das erinnern, was ich gesagt habe. Johannes 14,26

… ich mutlos bin.
Dabei hilft uns der Geist Gottes in all unseren Schwächen und Nöten. Wissen wir doch nicht einmal, wie wir beten sollen, damit es Gott gefällt! Deshalb tritt Gottes Geist für uns ein, er bittet für uns mit einem Seufzen, wie es sich nicht in Worte fassen lässt. Römer 8,26

Wir brauchen Gott, wenn wir rastlos, gelangweilt, abgestumpft, kalt, selbstsüchtig oder abgelenkt sind. Es wird keine große Vision sein, die unsere Seele erfüllt, sondern der Geist des lebendigen Gottes, und er allein.

Unfrei laufen

Lass mich dir von dem 13-Jährigen erzählen, der mich dahinschmelzen ließ. Conner ist unser ältester Sohn. Er ist von Natur aus ziemlich sportlich. (Er kann dankbar sein, dass Gott mehr auf die Gene meines Mannes zurückgegriffen hat, als er ihn schuf.) Er probiert zurzeit so ziemlich jeden Sport aus, außer Baseball, wofür ich Gott danke, denn Baseball ist wirklich einer der langweiligsten, zeitaufwändigsten Sportarten, die es gibt. American Football, Basketball, Lacrosse (wo Jungs mit Metallstäben aufeinander losgehen) – alles viel besser als Baseball.

So ein toller Sportler Conner auch ist, wenn er eine neue Sportart beginnt, denkt er zu Anfang immer viel zu viel nach. Er spielt zurückhaltend, behält die Uhr und den Schiedsrichter im Auge, und man kann sehen, wie er über die Spielzüge nachdenkt und darauf achtet, die Regeln einzuhalten. Er spielt ängstlich und vorsichtig. Aber ab einem gewissen Punkt lässt er ganz los und spielt um sein Leben. Und wenn es das letzte oder vorletzte Spiel einer Saison ist, läuft mein Sohn zur Hochform auf. Er spielt ein bisschen schludrig, sein blonder Haarschopf und sein Körper wirbeln herum, aber er spielt so hingebungsvoll in diesen letzten Spielen, dass es funktioniert. Es ist weder perfekt noch sonderlich schön, aber er spielt mit Leidenschaft und mit einer gewissen Leichtigkeit.

Die Menge tobt, aber Conner nimmt dies kaum war, weil er so viel Spaß hat.

Gott möchte, dass wir genauso leben, und zweifellos sehnen wir uns ebenfalls danach. Aber diese freie, losgelöste, leidenschaftliche Art von Leben ist nicht möglich, wenn eine Sache fehlt. Und diese eine Sache ist vielleicht das, was im modernen Christentum oft vernachlässigt wird.

Das Geheimnis

Weil Menschen es immer wieder schaffen, Dinge einfach komplett zu vermasseln, weil wir Angst haben, ohne Struktur kein gutes Leben führen zu können, und weil wir das Gefühl haben, dass etwas fehlt, füllen wir Lücken mit Dingen, von denen wir glauben, dass sie funktionieren: Systeme, Regeln, Erwartungen und Vorschriften.

Und doch hat Gott im ganzen Alten Testament die Menschen etwas erahnen lassen, was noch kommen sollte, und im Neuen Testament dann erklärt, was gekommen war.

Ich schreibe mein Gesetz in ihr Herz,
es soll ihr ganzes Denken und Handeln bestimmen.
Ich werde ihr Gott sein,
und sie werden mein Volk sein.
Jeremia 31,33

Ermächtigt. Überzeugt. Ermutigt. Friedvoll. Das sind typische Auswirkungen des Geistes Gottes in einem Menschen. Die meisten von uns suchen überall nach einem solchen Leben. Und irgendwann sind wir rastlos, weil uns das Leben aus eigener Kraft erschöpft hat. Wir sind am Ende unseres eigenen Strebens angelangt.

Ich weiß nicht, was du tun wirst, wenn du dieses Buch beendet hast. Aber ich vertraue voll und ganz auf das Versprechen der Bibel, dass Gott, wenn du ihm deine Wege anbefiehlst, deine Wege ebnen wird.[2] Für mich sah das typischerweise so aus, dass ich immer nur den nächsten Schritt in meinem Wettlauf kannte und ihm vertraute, während vor mir nur Dunkelheit lag.

Also lasst uns gemeinsam einen Schritt nach vorne gehen.

DER SCHNEIDERMEISTER

Verbringe ein paar Stunden irgendwo allein in der Stille,
wo du mit Gott in Verbindung treten kannst.

Rede mit Gott über deine Beziehung zu ihm, wie sehr du ihn brauchst, die verschiedenen Fäden in deinem Leben, die dir immer klarer werden, die Ungewissheit im Hinblick auf deine Zukunft und deine Bestimmung.

Schreibe auf

Schreibe die Antworten zu den folgenden Fragen in dein Notizbuch.

Wann fällt es dir schwer, Gott zu vertrauen?

Hast du in der Vergangenheit sehen können,
wie der Heilige Geist dich geführt hat?

Was sind die größten Ungewissheiten, die dich gerade belasten?

KAPITEL 18

DEINE LEBENSFÄDEN

Jetzt hast du eine Menge Seelenforschung betrieben. Du hast über Gott, seine Geschichte und deine eigene Geschichte nachgedacht und dazu einiges aufgeschrieben. Du hast deine Begabungen, deine Narben und deine Leidenschaften erforscht; und hoffentlich hast du immer wieder innegehalten, um zu beten und mit Freunden oder deiner Familie ausgiebige Gespräche über die in letzter Zeit aufgekommenen Themen zu führen.

Jetzt wollen wir all dies an einer Stelle zusammenfassen. Und ich bete, dass, wenn du die einzelnen Teile deines Lebens vor dir ausbreitest, verschiedene interessante Muster und Dinge, für die du brennst, zu Tage treten werden.

Ich hoffe, dass du unter diesen vielen verschiedenen Aspekten Verbindungen herstellen kannst und Gott noch mehr durch deine Lebensfäden verherrlicht werden wird. Er wartet darauf, aus ihnen etwas Schönes zu weben.

Ein einzigartiges Muster weist auf eine einzigartige Bestimmung hin. Es gibt nicht einen Teil von dir, der zufällig existiert, und Gott möchte sie alle zu einer beeindruckenden Geschichte zusammenfügen, die bis in Ewigkeit weitergehen wird. Nachdem du in dem nachfolgenden Schaubild alle deine Lebensfäden vor dir ausgebreitet hast, setzte dich mit ein paar Freunden und/oder Familienmitgliedern zusammen und hör dir an, was sie dazu sagen. Achte darauf, welche Verbindungen sie unter den einzelnen Teilen herstellen, hab Spaß daran, mit ihnen gemeinsam zu träumen, und erlaube ihnen, dass sie mit dir gemeinsam träumen.

Füge alle Fäden deines Lebens hier zusammen.

Hilfen für die Analyse deiner einzelnen Lebensfäden

- Wenn du durch dein Notizbuch blätterst, in dem du in der letzten Zeit deine Gedanken zu diesem Projekt aufgeschrieben hast, dann suche dir aus ihnen die anschaulichsten Begriffe und Sätze heraus.
- Übertrage das Schaubild auf der nächsten Doppelseite in dein Notizbuch und notiere dort die von dir zusammengestellten Begriffe unter den entsprechenden Oberbegriffen.
- Denke über mögliche Verbindungen und Muster unter den von dir entdeckten Begriffen nach. Markiere sie auf dieser Seite. Bitte Gott im Hinblick auf deine Träume um ein gutes Urteilsvermögen.
- Zeige deine Lebensfäden Menschen, die dich gut kennen und dir beim Träumen helfen können (siehe Seiten 192–193).

LEBENSFÄDEN

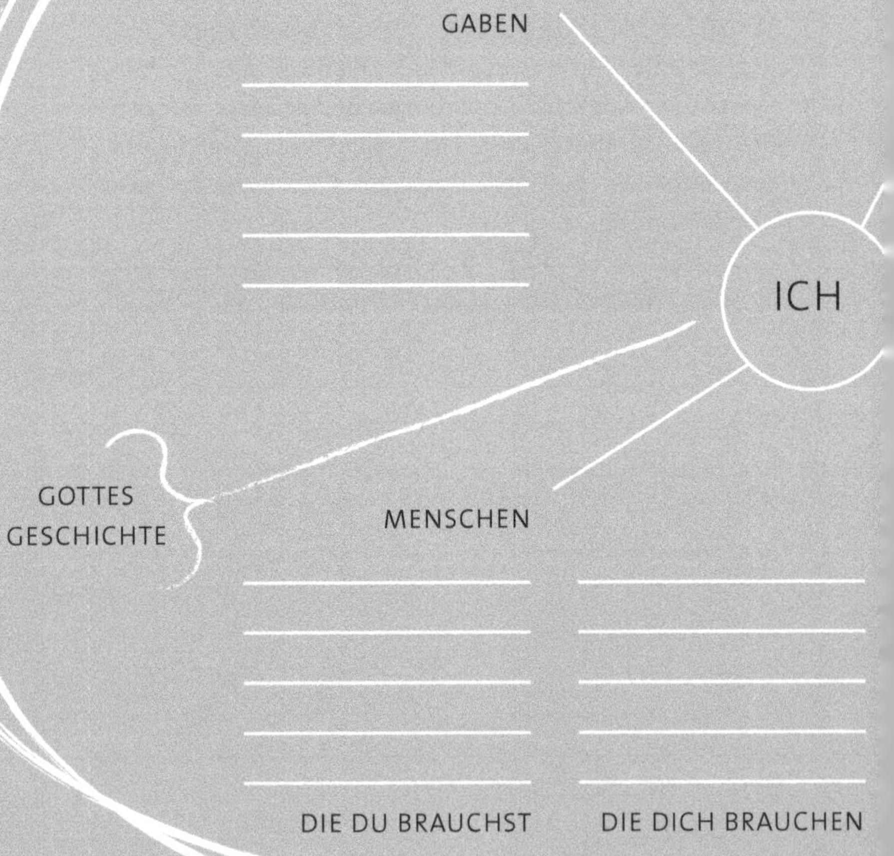

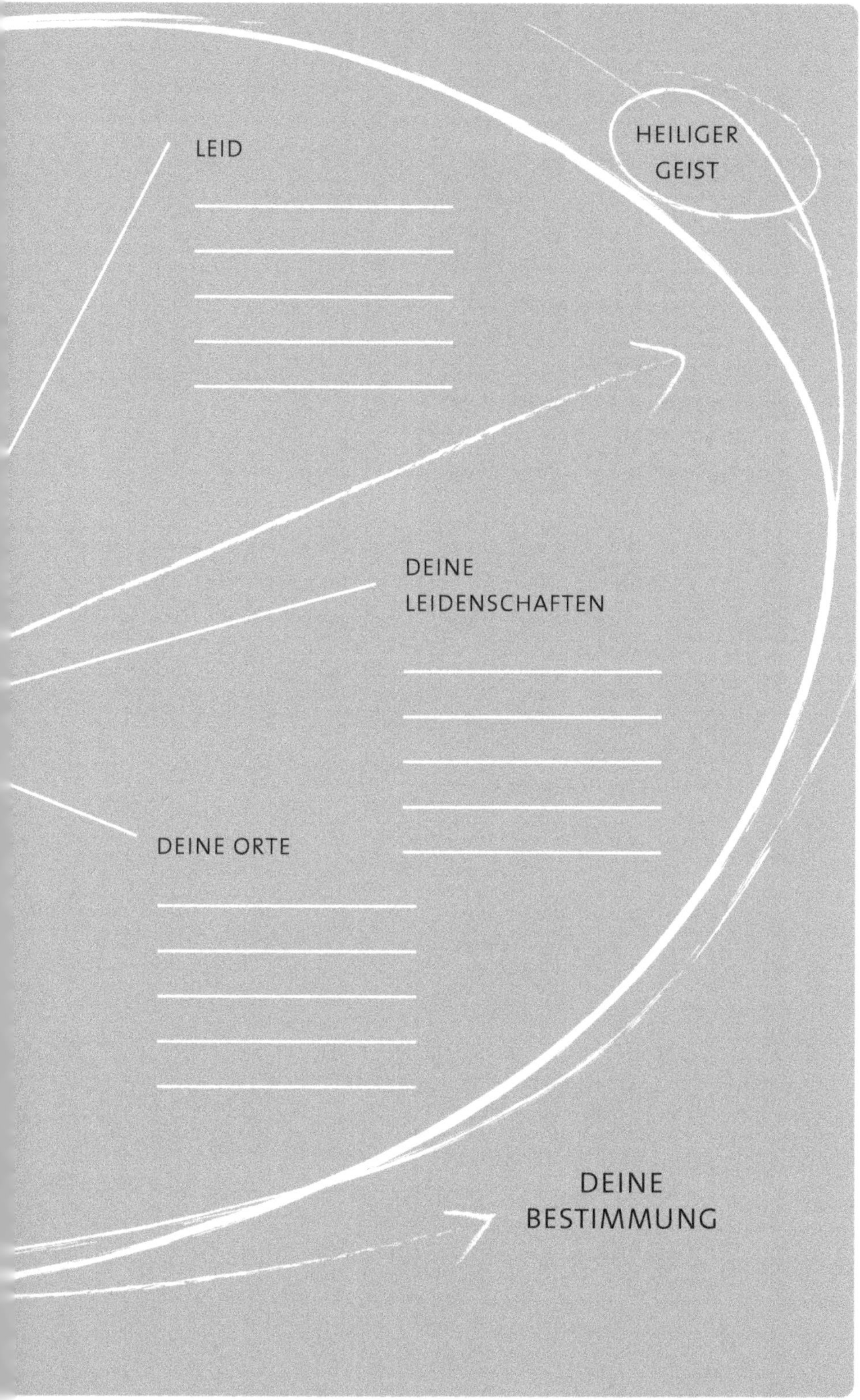
HEILIGER GEIST
LEID
DEINE LEIDENSCHAFTEN
DEINE ORTE
DEINE BESTIMMUNG

TRÄUME

Lade ein paar Freunde zum Essen ein und zeige ihnen das Schaubild, das du anhand der letzten Doppelseite erstellt hast. Betet zuerst gemeinsam um das richtige Urteilsvermögen und stelle dann jeder der anwesenden Personen folgende Fragen:

Welche Verbindungen kannst du erkennen, wenn du dir meine Lebensfäden anschaust?

Welche Idee hast du für mich, wenn ich von Möglichkeiten träume, wie Gott all das gebrauchen könnte?

Was ist deiner Meinung nach einzigartig an dem, was Gott mir geschenkt hat?

Was könnten meine nächsten Schritte sein?

Wo hast du das Gefühl, dass ich zu zögerlich bin?

TEIL 3
LEBEN MIT VISION

KAPITEL 19

EINEN TRAUM ENTWIRREN

Laura und ich saßen ganz hinten im Flugzeug, in der unbequemen Reihe, in der die Sitze nicht verstellt werden können. Wir flogen nach Milwaukee, wo ich zwei Tage lang mit Frauen über Gott sprechen wollte.

Laura hatte sich fest vorgenommen, mich während dieses Fluges mindestens eine Stunde in Ruhe zu lassen, damit ich mir zunächst meine Notizen für das Seminar anschauen konnte, aber in ihrer Tasche befanden sich die Notizen, die sie über die Struktur ihrer eigenen Lebensfäden gemacht hatte. Und obwohl wir es uns anders vorgenommen hatten, ließ uns der Gedanke an sie nicht los, ja sie forderten uns förmlich auf, sie uns genauer anzusehen, über ihnen zu beten und mit ihnen zu träumen. Also klappten wir unsere Tische herunter und schauten sie uns gemeinsam an.

Laura starrte auf ihre Notizen, seufzte und stöhnte. Sie konnte beim besten Willen keine deutliche Spur in ihren Lebensfäden erkennen. Es war einfach nur ihr Leben, das sie an verschiedenen Stellen auf dem Blatt niedergeschrieben hatte. Nichts Großes, nichts Besonderes.

Mich aber haute es aus dem Sessel. Ihre Lebensfäden leuchteten mir förmlich entgegen, und ich fing an, Verbindungen zwischen ihnen einzukreisen und Pfeile von einigen ihrer Begabungen zu einigen ihrer Orte zu zeichnen. Die Verbindungen, die für mich so offensichtlich waren, waren ihr noch nie in den Sinn gekommen. Ich weiß, ich habe dieses Studienmaterial konzipiert, aber was ich erkannte, wäre für jeden anderen auch offensichtlich gewesen.

Ihre Begabungen waren im Bereich Leiterschaft, Urteilsvermögen und strategisches Vorgehen. Ihr Herz brennt dafür, dass Gemeinden dahingehend reformiert werden, dass dort Menschen mit seelischen Verletzungen und Zweifeln ein Zuhause finden können. Laura war in einer Umgebung aufgewachsen, in der die Menschen sich sehr im Dienst für Gott einsetzten, aber nie hatte sie wirklich Gottes Gnade erfahren. Zur selben Zeit, als wir Cooper adoptierten, adoptierte sie Aliyah Grace aus demselben ruandischen Waisenhaus. Und ihr Herz schlägt immer noch für Afrika. Es würde nicht mehr lange dauern und alle ihre Kinder hätten das Schulalter erreicht, und nun brauchte sie einen Traum, mit dem sie etwas für ihre Familie dazuverdienen konnte.

Mein Herz raste, während ich mir vorstellte, wie Lebensfäden wie die ihren zu neuen Geschichten und neuen Risiken verwebt wurden. Und dennoch konnte sie selbst nicht sehen, dass sie einzigartig geschaffen worden war, um ganz bestimmte Dinge zu tun. Viel zu leicht hängen wir der Lüge an, dass unser Leben nur durchschnittlich und unbedeutend ist.

> Zu dem Wissen, wo mein Platz ist, gehört auch das Wissen, wo auf keinen Fall mein Platz ist.

Vielleicht denkst du, während du auf deine unterschiedlichen Lebensfäden starrst und seufzt und stöhnst, dass du immer noch nicht weißt, was du mit deinem Leben anfangen sollst.

Wenn dem so ist, und all die Menschen, die du liebst, ebenfalls auf deine Lebensfäden gestarrt haben und keine Antwort wussten, lass mich dir sagen, wie du zu einer Lösung finden kannst: „Geh und tu etwas. Einfach irgendetwas."

Fang irgendwo an, und während du arbeitest, etwas aufbaust, erschaffst oder andere Menschen leitest, wirst du eine Menge über dich selbst lernen. Ich kann dir versprechen: Wenn jemand im Hinblick auf seine Stärken sehr selbstsicher ist und genau weiß, was er tun möchte, dann ist das so, weil er lange über sie nachdenkt und Dinge einfach ausprobiert. Vermutlich ist er auch das eine oder andere Mal gescheitert, wenn er sich um das Falsche bemüht hat, aber auch das hat ihn letztlich in die richtige Richtung gebracht. Zu dem Wissen, wo mein Platz ist, gehört auch das Wissen, wo auf keinen Fall mein Platz ist.

Du siehst, dies ist ein Entdeckungsprozess, den man auf jeden Fall beginnen sollte. Denn es ist wichtig, wie wir unser Leben verbringen.

Die unbekannten Kosten

Ich habe Freunde, die den Eindruck hatten, Gott rufe sie in die Mission, und die daraufhin ihr Haus innerhalb von zwei Tagen verkauften. Und ich habe Freunde, die den Eindruck hatten, Gott rufe sie in die Mission, und bei denen es zwei Jahre dauerte, bis ihr Haus verkauft war. Sie haben dadurch eine Menge Geld verloren, und in der Zwischenzeit geriet ihr ganzes Leben aus den Fugen. Da stellt sich die Frage: Wer von ihnen hat wirklich den Ruf Gottes gehört?

> Wenn dein Herz bereit ist, du etwas zu Gottes Ehre tun willst und du ihm alle Teile deines Lebens anvertraust, wird etwas passieren. Er wartet auf uns.

Gott nachzufolgen, seinen Willen zu deuten, ist etwas so Schönes und zugleich schmerzlich Geheimnisvolles. Manche von euch werden in ihren Lebensfäden ganz deutlich eine Bestimmung und Visionen erkennen, und ihr werdet mit nahezu hundertprozentiger Gewissheit, dass diese Berufungen von Gott sind, loslaufen. Wiederum andere von euch werden bei der Betrachtung ihrer Lebenslinien kaum irgendeinen Hinweis auf einen Plan erkennen können und nervös sein, wenn sie den ersten Schritt hin zur Erfüllung ihres Traumes gehen; sie fühlen sich, als ob sie in fast völliger Dunkelheit unterwegs sind, aber sie gehen trotzdem los. Kann beides von Gott kommen?

Ich weiß, dass die Dinge nicht immer völlig klar sind, aber wenn dein Herz bereit ist, du etwas zu Gottes Ehre tun willst und du ihm alle Teile deines Lebens anvertraust, wird etwas passieren. Er wartet auf uns.

Wir alle zweifeln und denken oft viel zu lange über anstehende Entscheidungen nach, und Gott handelt bis zu einem gewissen Grad trotzdem. Er führt seine Pläne auf dieser Erde fort, mit oder ohne uns. Und er bewegt unser Herz auf seine Pläne zu. Was wäre, wenn wir Cooper nicht adoptiert hätten? Was wäre, wenn wir Gottes Ruf und Führung wahrgenommen, aber nichts getan hätten? Ich weiß es nicht, aber ich weiß, dass Gott irgendwie und trotz unseres Widerstands nicht zugelassen hat, dass wir seine Pläne für unser Leben verpassen. Dafür bin ich ihm für immer dankbar.

Vielleicht sind diese vielen kleinen Lebensfäden sein Weg sicherzustellen, dass auch du seine Pläne für dein Leben nicht verpasst.

Sein Wille wird letztendlich geschehen, wie im Himmel, so auf Erden.

LAURAS LEBENSFÄDEN

GABEN

Urteilsvermögen

Kann tiefere Bedürfnisse erkennen

Schreiben

Bin authentisch

Kann gut strategisch vorgehen

ICH

GOTTES GESCHICHTE

MENSCHEN

DIE DU BRAUCHST	DIE DICH BRAUCHEN
Familie	*Nachbarn*
Enge Freunde	*Freunde*
Gemeinde	

HEILIGER GEIST

LEID

Fühlte mich unsichtbar – andere bewusst wahrnehmen und zuhören

Versagen – andere ermutigen

Verletzungen durch die Gemeinde – den Enttäuschten helfen

DEINE LEIDENSCHAFTEN

Anderen helfen, gesehen zu werden

Die Gemeinde erneuern

Dinge mit meinen Händen gestalten/umgestalten

Für etwas leben, das größer ist als ich

Liebe zu anderen Völkern/Afrika

DEINE ORTE

Meine Nachbarschaft

Mein Zuhause

Meine Arbeit

Schule der Kinder

DEINE BESTIMMUNG

Lauras Geschichte

Ich wuchs mit dem Gedanken auf, dass das, was ich sagte, nicht wert sei, gehört zu werden, und dass es viel einfacher sei, unsichtbar zu sein als zu wissen, dass ich wertvoll war, aber dennoch ignoriert wurde. Ich war ständig in mich gekehrt, aber gleichzeitig dachte ich oft an andere Menschen, die vielleicht ebenso verletzt waren wie ich. Schon immer habe ich den Wunsch gehabt, ihnen zu helfen. Gott begann mich zu verändern und half mir, meinen eigenen Wert zu erkennen, den er, mein Schöpfer, mir gegeben hatte. Meine Verletzungen begannen zu heilen. Und der Wunsch wurde immer stärker, anderen, die sich ungesehen fühlten, zu helfen. Ich war darin begabt, gut zuhören zu können und mich in den Schmerz anderer hineinfühlen zu können, ich war sehr empathisch und hatte oftmals ein gutes Urteilsvermögen. Und welche Umstände auch immer dazu geführt hatten, dass die anderen ein mangelndes Selbstwertgefühl hatten, ich hatte das Gefühl, dass ich ihnen helfen sollte, die Wahrheit über sich zu erkennen – und manchmal ließ Gott mich sehen, wie er mich dabei gebrauchte. Andere Male war ich mir nicht so sicher. Ich hatte weiterhin zu kämpfen, und meine Narben waren immer noch da.

Gott hat die Verletzungen in meinem Leben benutzt, um mir sein Herz zu schenken. Ich verstand, dass er auch die Menschen liebt, die nicht gesehen werden. Und er kann mich gebrauchen, indem ich sie ebenfalls liebe. Ich kann ein kleines Stück seines Herzens sein, und wenn es nur für eine einzige Person ist. Mir wurde klar, dass es in Ruanda ein kleines, ungesehenes Mädchen gibt und dass Gott wollte, dass sie erfuhr, wie sehr er sie liebte und wie wertvoll sie in seinen Augen war. Und als ich dieses Mädchen zu mir nach Hause holte, zeigte Gott mir noch mehr, wie wertvoll ich in seinen Augen bin.

Unser ganz normaler Alltag ist nicht immer so aufregend wie die Adoption eines Waisenkindes aus Afrika. Aber sie ist der Höhepunkt der Geschichte, die Gott in die kaputten Teile meines Herzens hineingeschrieben hat und die er zusammengefügt hat, um seine

Vision für mein Leben Form annehmen zu lassen. Außerdem macht es mir Spaß, davon zu träumen, hier in Austin halbtags für eine gemeinnützige Organisation zu arbeiten, die Menschen anderer Völker durch Fair Trade unterstützen will.

Und wenn wir es verpatzen?

Als Laura und ich mit ihren Lebensfäden in der Hand von Veränderungen träumten, während wir über Bauernhöfe und Schnellstraßen hinweg von Texas nach Wisconsin flogen, begann sie zu leuchten – meine zynische Freundin, die davon überzeugt gewesen war, dass mein Studienmaterial ganz bestimmt nicht für sie geeignet sein würde (sehr ermutigend für mein Ego). Sie hatte aber schnell zurückgerudert und gesagt, sie glaube, mein Konzept könne aber bestimmt für andere Menschen sehr hilfreich sein, doch sie kenne sich selbst sehr gut und glaube persönlich nicht, dass es bei ihr Wunder vollbringen könne.

Doch nachdem ich gerade mal eine Minute lang Dinge eingekreist und Punkte miteinander verbunden hatte, begann ihr Zynismus zu schwinden, und sie lebte auf einmal auf. Einen Augenblick lang begann sie zu glauben, dass Gott doch noch mehr für sie bereithalten könnte, und danach sehnte sie sich schmerzlich. Sie liebte es, Mutter zu sein und machte das echt toll, aber da waren noch so viele andere Begabungen und Träume, die jahrelang brachgelegen hatten. Sie sehnte sich so sehr nach mehr, aber dachte sich, es könnte falsch sein, danach zu suchen.

Doch weil die Skepsis meiner Freundin äußerst effektiv ist, schwand ihr gerade erst entfachter Enthusiasmus wieder, als sie sich und mich an ihre Fehler, ihre Schwächen und ihre Menschlichkeit erinnerte. Ich hätte sie am liebsten geschüttelt, weil ich genau das erwartet hatte. Sie bremste sich selbst sofort aus bei dem ersten Hinweis, dass dieses ersehnte „Mehr“ sogar Gottes Plan für sie sein könnte.

Heute arbeitet sie darauf hin, später einmal eine leitende Position in der Firma meiner Freundin zu übernehmen, die auf der ganzen

Welt Frauen durch Fair-Trade-Projekte unterstützt. *Noonday* ist ein Unternehmen, das meine Freundin Jessica Honegger mit den ihr von Gott anvertrauten Lebensfäden aufgebaut hat und das Frauen die Möglichkeit gibt, zum Lebensunterhalt ihrer Familie etwas beizutragen und ihre Träume zu leben.

Außerdem erzählt Laura immer wieder ihre Geschichte Menschen, die durch ihre Gemeinde verletzt wurden und ihren Glauben infrage stellen. Mittlerweile geht sie solche Gespräche unerschrocken an, weil ihre Überzeugung gewachsen ist, dass diese Beziehungen keine zufälligen Begegnungen sind.

Erneuerung. Leitung. Strategie. Frauen. Afrika. Und ein kleines Gehalt.

Bevor du also zulässt, dass sich Zynismus oder Ablehnung in deine Gedanken einschleichen, bedenke, dass wir Gottes Wege oft nur im Nachhinein verstehen können. Der Apostel Paulus schrieb Folgendes über seine Schwachheit:

Aber [der Herr] hat zu mir gesagt: „Meine Gnade ist alles, was du brauchst! Denn gerade, wenn du schwach bist, wirkt meine Kraft ganz besonders an dir." Darum will ich vor allem auf meine Schwachheit stolz sein. Dann nämlich erweist sich die Kraft von Christus an mir. Und so trage ich für Christus alles mit Freude – die Schwachheiten, Misshandlungen und Entbehrungen, die Verfolgungen und Ängste. Denn ich weiß: Gerade wenn ich schwach bin, bin ich stark.
2. Korinther 12,9–10

Wir werden nicht versuchen, einen Berg nur mit unseren glorreichen Begabungen und noblen Leidenschaften zu bezwingen. Wir werden es vielmehr in unserer Schwachheit tun, sodass Gott alle Ehre erhält.

Wenn du dich mies fühlst, während du dein Schaubild ausfüllst, weil sich alles so durchschnittlich anfühlt …, wenn du das Gefühl hast, dass neben einer großen Berufung die Sünde steht und dich anstarrt …, wenn du einen Hinweis auf einen Traum entdeckst, aber denkst, dass er so absurd ist, dass du ihn niemals verwirklichen kannst …

Hervorragend. Schön. Das ist okay. Das ist wahrscheinlich genau richtig. Die Dinge, die ich mir mein ganzes Leben lang gewünscht habe, scheinen genau die Dinge zu sein, die mich in Gottes Nähe halten.

Weiche nicht zurück. Bau dir ein Team von Wegbegleitern auf, träume mit ihnen und lass zu, dass sie in dein Leben hineinsprechen wie du in ihres. Wir brauchen Kämpfer an unserer Seite, die uns helfen, die Wahrheit von der Lüge zu unterscheiden, die Mut in unsere Angst hineinsprechen und uns helfen, Visionen auch dann zu erkennen, wenn unsere Sicht vernebelt ist.

Wir werden die Dinge tun, für die Gott uns geschaffen hat, aber nicht, weil wir besonders, großartig oder leistungsstark wären. Du wirst große Dinge tun, weil Gott auf dieser Erde Dinge bewegt, um seine Pläne zu seiner Ehre umzusetzen. Und ich muss ganz ehrlich sagen: Wenn ich schwach bin, sieht Gott umso besser aus. Ich bin nur ein gewöhnlicher, normaler, durchschnittlicher Mensch – und Gott gebührt das Lob.

Für mich ist es okay, wenn ich etwas verrückt aussehe, während er fantastisch ausschaut.

Bitte, lebe deine Vision. Bitte, breite deine Lebensfäden vor dir aus und glaube daran, dass Gott eine Bestimmung für dein Leben hat, die niemand sonst so leben kann wie du.

Wir dürfen Teil von Gottes Geschichte sein. Es ist die größte Ehre unseres Lebens. Und doch passiert es schnell, dass wir zwar das wunderbare Gefühl haben, dass all dies wahr ist, aber dann plötzlich aufwachen und uns bewusst wird, dass sich das Geschirr in der Spüle stapelt, wir unseren Job hassen, und wir vergessen das Ganze wieder.

Weißt du, wir befinden uns im Krieg. Bevor du also deinen Traum wieder aufgibst, lass uns die häufigsten Gründe ansprechen, die uns davon abhalten, unsere Vision zu leben.

KAPITEL 20

WENN WIR RÜCKWÄRTS RUDERN

Zac und ich saßen eines Abends mit ein paar Freunden beim Essen und stellten ihnen furchtbar aufdringliche Fragen. Wir möchten gerne die Seele der anderen kennenlernen und haben deshalb eine Abneigung gegen Smalltalk, also lassen wir ihn einfach weg.

So fragte Zac zum Beispiel: „Sagt mal, was begeistert euch zurzeit?"

Sofort begannen Rebeccas Augen zu leuchten, und ohne groß nachzudenken begann sie, über eine Not zu sprechen, die sie gegenwärtig in den amerikanischen Gemeinden beobachtete. Und sie hatte eine große Vision davon, wie man dieser Not begegnen könnte. Dann plötzlich senkte sie ihre Augen und schien fast zu bereuen, was sie uns gerade offenbart hatte. Sie war auf einmal verunsichert, dabei wollte sie eigentlich nichts lieber, als etwas gegen die Not tun, die sie sah. Schnell zügelte sie ihren Eifer wieder, um ihre Gedanken doch lieber für sich zu behalten.

Dies schien um mich herum ein Dauerthema zu sein. Seitdem ich den Vertrag für mein erstes Buch unterschrieben hatte, war ich für meine Freunde zu einer Art Priesterin geworden, der sie ihre unerfüllten Leidenschaften und Wünsche beichteten. Es war so, als ob sie zu diesem Schritt bewegt wurden, weil sie sahen, wie mutig ich war.

Nun, das sollte ich besser klarstellen. Sie sahen nicht, wie mutig ich war; in Wirklichkeit sahen sie, dass ich trotz meiner Angst gehorsam war. Und irgendwie hat es sie wachgerüttelt. Weil sie Zeugen dieses chaotischen Prozesses in meinem Leben wurden, wurden sie unruhig und stellten sich die Frage, was sie vielleicht selbst tun sollten, und warum sie es bislang nicht getan hatten.

Als wir uns nach diesem Essen bettfertig machten, sagte Zac beiläufig: „Männer sind oft unsicher, was sie tun sollen. Es scheint, als ob Frauen es tief in ihrem Inneren oft wissen – sie aber Angst haben, es zu tun."

Irgendetwas hält uns davon ab, die Dinge, für die wir bestimmt sind, frei in Angriff zu nehmen. Warum senkte Rebecca auf einmal ihren Blick? Einen Moment lang hatte sie sich frei gefühlt – ohne sich über irgendwelche Meinungen Gedanken zu machen, während sie laut über eine Idee nachdachte, für die sie innerlich brannte.

Doch dann auf einmal änderte sich etwas in ihr, und sie wurde daran erinnert, dass sie diesen Weg besser nicht einschlagen sollte. Sie hielt sich selbst zurück.

Warum?

Weil wir uns im Krieg befinden. Und ich wünschte, ich würde das hier dramatischer darstellen als es ist. Aber dieser Krieg findet wirklich statt, und du weißt das, weil auch du es fühlst. Es ist ein Widerstand, der immer dann aufkommt, wenn du darüber nachdenkst, etwas potenziell Wichtiges zu tun, und plötzlich willst du dir nur noch eine Schüssel Chips schnappen und dich selbst zum dritten Mal in der Welt von Downton Abbey verlieren.

Steven Pressfield schrieb in seinem Buch: „Je wichtiger die Arbeit ist, desto mehr inneren Widerstand musst du erwarten."[1]

Warum ist es manchmal so schwer für uns, nicht wie betäubt zu sein? Weil um unser Herz ein Krieg tobt, mit dem Ziel, es stillzulegen – um diejenigen lahmzulegen, die Jesus lieben, und ganz besonders jene, die sich Gott ganz hingeben.

Daher schlage ich vor, dass wir kämpfen.

Der Autor des Hebräerbriefs schrieb an hebräische Gläubige, die angstvolle Erfahrungen gemacht hatten. Sie waren entkräftet, ihre Freunde und Familien waren ins Gefängnis geworfen oder getötet worden, und sie fragten sich, ob das Leben für Jesus all das überhaupt wert sei. Sie hatten Angst um ihr Leben und ihre Familien.

„Schon bald wird der kommen, der angekündigt ist. Er wird nicht mehr lange auf sich warten lassen. Nur wer mir, Gott, vertraut, wird meine Anerkennung finden und leben. Wer aber zurückweicht und aufgibt, an dem werde ich keinen Gefallen finden" (Hebräer 10,37–38). Ich hoffe, diese Worte lassen dich nicht los. Ich selbst weiche oft zurück, und auch das lässt mich nicht los. Wir alle werden geplagt durch innere Kämpfe.

„Ich weiche zurück, weil ich Angst habe."
„Ich habe kein Vertrauen in mich selbst."
„Ich bin verwirrt, weil ich mir nicht ganz sicher bin, was Gott von mir will."
„Ich bin mir nicht sicher, dass ich das tun kann, was Gott von mir will."
„Ich habe schon zu viele andere Dinge, die ich tun muss."

Ich weiß nicht, welche dieser Bedenken auf dich zutreffen, aber ich wette, dass auch du irgendwo in deiner Seele zurückruderst. Auch wenn wir errettet sind und Gott uns in der Verwirklichung unserer Berufung begleitet, rudern wir alle immer wieder zurück. Also sollten wir dieses Problem einmal angehen.

Warum genau ruderst du zurück? Warum hast du Angst, deine Berufung zu leben? Wo verspürst du den größten Widerstand?

Realistisch?

„Ich habe in meiner jetzigen Lebensphase einfach keine Zeit."
„Ich bin jetzt schon finanziell an meinen Grenzen."
„Ich kann meine anderen Verantwortlichkeiten nicht vernachlässigen."
„Es ist keine große Sache."
„Ich bin zu alt oder zu jung."

„Ich bin mir nicht hundertprozentig sicher, ob das Gottes Wille ist."
„Es wird ohnehin nichts verändern."

Emotional?

„Ich fühle mich damit alleine."
„Ich sehne mich nach Sicherheit."
„Es liegt außerhalb meiner Kontrolle."
„Ich habe Angst, ich könnte versagen."
„Ich bin keine Führungspersönlichkeit."
„Ich bin zu verkorkst dafür."
„Ich wünsche mir ein bequemes Leben."

Zwischenmenschlich?

„Mein Ehepartner wird da nicht mitmachen."
„Was ist, wenn mir Gott jemanden nimmt, den ich liebe?"
„Ich mache mich lächerlich."
„Wenn ich das mache, lasse ich andere im Stich."
„Meine Familie hat kein Verständnis dafür."
„Die anderen halten mich für verrückt."
„Mein Leben wird dann anders aussehen als das meiner Freunde."

Geistlich?

„Ich bin nicht gut genug, dass Gott mich gebrauchen könnte."
„Ich kann zurzeit noch nicht einmal beten."
„Ich weiß nicht, ob ich Gottes Plan für mich vertraue."
„Glaube ich wirklich, dass es Gott gibt?"
„Ich stecke in Sünde fest."
„Ich glaube nicht, dass Gott mich überhaupt sieht."
„Ist es das wert?"
„Was, wenn Gott sich nicht zeigt?"
„Was, wenn ich Gott falsch verstehe?"

Also geh dieses Thema einmal an. Frag dich selbst, warum du zurückweichst.

Bekämpfe deine Angst

Ich rudere zurück, weil ich Angst habe – Angst davor, dass ich etwas verlieren könnte. Was ist, wenn es mich die Dinge kostet, die ich am meisten liebe, wenn ich Gott nachfolge? Was ist, wenn er mir meinen Ehepartner oder mein Kind nimmt? Was ist, wenn ich die Zustimmung der anderen oder die Kontrolle über mein Leben verliere, oder wenn ich keinen Erfolg habe und auf meinen Komfort verzichten muss? Was ist, wenn ich mein Leben dafür hingebe, und er mir das nimmt, was sich mein Herz am meisten wünscht?

Manchmal ist Gott so schön ironisch. Während ich heute über Angst schreibe, habe ich gerade damit begonnen, eine der beängstigendsten Berufungen meines Lebens in die Tat umzusetzen, eine Vision, die mich schon seit mehr als sieben Jahren nicht loslässt. Es ist eine beschämend große Vision; und nur jemand, der entweder dumm oder von Gott besessen ist, würde wagen, von dem zu träumen, was wir vorhaben.

Und während ich auf der Ranch meiner Schwester auf einer alten roten Couch sitze und Nachrichten verschicke, die unsere verrückten Pläne offenbaren, finde ich mich in diesem verzweifelten Moment wieder, in dem der Boden immer näher kommt und die Reißleine meines Fallschirms nicht funktioniert. Momentan kann ich nur still warten.

Willkommen in meinem Gehirn. In mir lebt die Angst, und ich kann sie anscheinend nicht vertreiben. Sogar an guten Tagen würde alles in mir den Rückzug antreten.

Und ja, wie sehr wünsche ich mir, ich könnte dies hier erst in ein paar Jahren schreiben, wenn die Existenz meines Traumes gesichert wäre. Die Angst bahnt sich ihren Weg zum Tisch. Ich bewirte sie und gebe ihr Nahrung und biete ihr Kaffee an, während ich darüber schreibe, wie unsinnig es ist, Angst zu haben, wenn Gott für uns ist. Aber so ist es leider.

Ich habe Angst. Was wir vorhaben, könnte schiefgehen. Es könnte vielleicht gar nicht von Gott kommen. Aber ich werde es trotzdem tun.

Wir müssen lernen, mit der Angst umzugehen, weil es sein könnte, dass wir sonst durch sie die besten Teile unseres Lebens verpassen.

Wir alle sind Ängsten ausgesetzt. Aber wir müssen die Angst töten, als wäre sie der Teufel, weil genau dies für gewöhnlich der Fall ist. Wir gehören nicht zu dem, der den Rückzug vorschlägt, sondern wir gehören zu dem, der im Garten Gethsemane Verzweiflung, Angst und Widerwillen durchlebte und dennoch sagte: „Nicht mein Wille, sondern dein Wille geschehe. Ich gehöre zu dir, und ich werde für dich leben und für dich sterben."[2]

Er ging geradewegs auf seinen Tod zu. Also kämpfe mit mir.

Bekämpfe die Ungewissheit

Ich trete den Rückzug an, weil ich mir über eine Sache nicht ganz im Klaren bin. Ganz ehrlich gesagt, habe ich noch nie etwas mit hundertprozentiger Gewissheit gewusst. Wir können uns für gewöhnlich erst dann ganz sicher sein, dass es Gottes Wille war, nachdem etwas passiert ist. Waren wir uns hundertprozentig sicher, dass wir Cooper adoptieren sollen? Nein. Wir spürten nur eine Last auf unserem Herzen, die wir nicht abschütteln konnten, und manchmal, wenn diese Last im Einklang mit der Bibel ist, muss man sich selbst fragen: „Ist das Gott?"

Du wirst nicht glauben, wie viel du eigentlich schon weißt. Und wir haben ein dickes Buch von Gott, in dem steht, wer er ist und welche Absichten er für uns hat, ein Buch, dem wir absolut vertrauen können. Und darüber hinaus wissen wir schon eine Menge über uns selbst. Er mag es, wenn seine Kinder ganz von ihm abhängig sind, mehr noch, als es ihm wichtig wäre, dass sein perfekter Plan umgesetzt wird. Er geht uns nach, und Ungewissheit ist für gewöhnlich das, was uns an seine Seite geklebt hält.

Er ist in den Schützengräben mit uns, in der Angst, in der Ungewissheit. Er ist in dem Unbekannten – wissend und führend und wirkend. Die Dinge, die wir noch nicht wissen, sind dazu gedacht, uns von ihm abhängig zu machen.

Bekämpfe die Ablenkung

Ich trete den Rückzug an, weil ich abgelenkt bin. Wir sind wohl die am meisten ablenkbare Generation der Welt. Es gibt einfach so vieles da draußen, das um unsere Aufmerksamkeit kämpft.

Ich habe vier Kinder, die Gemeinde, meine Freunde und unzählige andere Themen, und dazu scheinen alle in meiner Umgebung immerzu hungrig zu sein. Ich arbeite hauptberuflich im Dienst für Gott und so weiter und so weiter, wie jeder andere auch. Aber irgendwie schaffe ich es trotzdem, jede Folge von meinen beiden Lieblingsserien im Fernsehen anzusehen, über Facebook Kontakt mit Leuten zu halten, die ich seit 15 Jahren nicht gesehen habe, hin und wieder in der Badewanne zu entspannen und ein paar Nickerchen zu machen.

Nichts davon ist verkehrt – es sind Dinge, die ich tun muss, und Dinge, die ich tun will, und Dinge, die ich einfach brauche, damit meine Seele nicht verkümmert. Aber wenn ich all das tue und nie darüber nachdenke, dass es einen übergeordneten Grund geben könnte, aus dem ich hier bin, dann könnte mir das Wichtigste entgehen – dann entgeht mir aufgrund all der kleinen Dinge das Eine, was wirklich zählt.

Alles ist erlaubt, aber nicht alles dient zum Guten.[3] Es gibt eine Kunst zu leben, die weit höher ist als der menschliche Überlebensinstinkt. Ich will schön leben.

Ich will so leben wie meine gute Freundin Julie, die bereits zweimal gestorben ist und wiederbelebt wurde, und die Smalltalk für absolut überflüssig hält, weil sie weiß, dass sie jede Minute in den Himmel umziehen könnte. Ihr ist einfach nicht nach Geplauder. Sie schafft es, ihren Abwasch zu machen, ihre Kinder abends ins Bett zu bringen und sich in ihrem Job um Patienten zu kümmern. Aber sie lebt schöner und bewusster als jeder andere, den ich kenne. Sie lebt langsam und atmet jeden Moment ein. Sie sitzt auf ihrer Terrasse, während ihre Jungs miteinander raufen und Bällen nachjagen. Sie nimmt ein Schlückchen Wein und stellt Fragen, die uns alle dazu bewegen, laut über die Dinge nachzudenken, die wirklich zählen. Lasst uns solch ein schönes Leben führen. Ohne auch nur eine Minute zu vergeuden.

Bekämpfe die Unsicherheit

Ich trete den Rückzug an, weil ich unsicher bin. Egal ob ich vor zehn Leuten oder vor 10 000 Leuten stehe, jedes Mal zittere ich und fange an zu schlottern. Mein Körper erinnert mich immer daran, wie unsicher ich bin. Und ich habe gelernt, das zu akzeptieren, auch weil es gut ist, dass meine Unsicherheit mich jedes Mal dazu bringt, zu Gott zu beten. Wenn ich auf die Knie gehe, erinnert mich Gott daran, dass es hier um ihn geht und nicht um mich. Er erinnert mich daran, dass ich nichts mehr beweisen muss.

Aufgrund seiner Gnade müssen wir nichts beweisen. Unsere Zuversicht liegt in der Sicherheit und der Kraft, die Gott uns gibt, nicht in uns selbst. Wenn man weiß, dass man absolut und bedingungslos wertgeschätzt wird, wird man auf diese Weise verändert. Man fühlt sich frei, und man will mit einem Gott auf dem Weg sein, der sich wünscht, dass es einem gefällt. Wenn wir uns bewusst sind, dass wir Gottes Maßstab nicht gerecht werden und es aufgrund von Jesus, aufgrund der Gnade auch nicht müssen, macht das Leben viel mehr Spaß.

Bekämpfe das Vergleichen

Es ist beinahe unmöglich, irgendetwas mit unseren Lebensfäden anzufangen, wenn wir ständig nach links und rechts blicken. Eine meiner kreativsten Freundinnen rief mich vor kurzem an, und sie war so niedergeschlagen, wie ich sie noch nie zuvor gehört hatte. Sie hatte einen Traum und konnte ihn nicht in die Tat umsetzen, weil jemand, den sie kaum kannte, bereits etwas Ähnliches tat. Anstatt nur auf Gott zu hören, blicken wir uns um und vergleichen uns und lassen zu, dass uns unsere Unzulänglichkeiten auffressen. Dann ist es vorbei, bevor es anfängt.

Wir wünschen uns eine Revolution, aber die meisten von uns wünschen sich auch, jemand anderer würde sie starten. Wir sind beschämend zynisch und kritisieren ständig unsere Leiter; kein Wunder also, dass wir alle Angst davor haben, eine Leitungsposition zu übernehmen! Stattdessen sollten wir einander helfen, unsere Ängste zu bekämpfen, statt uns gegenseitig zu Fall zu bringen. Wir müssen uns auf unseren eigenen Wettlauf konzentrieren und andere bei ihrem anfeuern.

Wenn wir uns gegenseitig anfeuern würden, statt zu kritisieren, und Gott gehorchen, statt uns mit anderen zu vergleichen, und Gott fürchten, statt uns durch Menschenangst lähmen zu lassen, könnten wir Gott viel mehr in unserem Leben handeln sehen.

Wenn wir uns gegenseitig anfeuern würden, statt zu kritisieren, und Gott gehorchen, statt uns mit anderen zu vergleichen, und Gott fürchten, statt uns durch Menschenangst lähmen zu lassen, könnten wir Gott viel mehr in unserem Leben handeln sehen.

Wir brauchen einander, doch wir bringen einander um. In Hebräer 12 fleht der Autor die Menschen an, die sich auf dem Rückzug befinden:

Da wir nun so viele Zeugen des Glaubens um uns haben … Vers 1

Wir haben uns.

… lasst uns alles ablegen, was uns in dem Wettkampf behindert, den wir begonnen haben – auch die Sünde, die uns immer wieder fesseln will. Vers 1

Weil wir frei sind.

Mit Ausdauer wollen wir auch noch das letzte Stück bis zum Ziel durchhalten. Vers 1

Wir haben das Ziel vor Augen – jeder von uns. Angst darf uns nicht davon abhalten, es zu erreichen.

Dabei wollen wir nicht nach links oder rechts schauen, sondern allein auf Jesus. Er hat uns den Glauben geschenkt und wird ihn bewahren, bis wir am Ziel sind. Weil große Freude auf ihn wartete, erduldete Jesus den Tod am Kreuz und trug die Schande, die damit verbunden war. Jetzt hat er als Sieger den Ehrenplatz an der rechten Seite Gottes angenommen … damit auch ihr in Zeiten der Verfolgung nicht den Mut verliert und aufgebt. Verse 2–3

Wir verlieren den Halt, wenn wir auf unsere Ängste und Unzulänglichkeiten blicken und uns mit jedem anderen Läufer vergleichen. Doch halte deine Augen auf Jesus gerichtet, und du wirst nicht aufgeben. Du wirst nicht zurückweichen. Nicht vor anderen, nicht vor dir selbst.

Riskiere etwas. Geh einen Schritt nach vorne und scheitere. Mach dich zum Idioten. Bau ein Leben auf, das unseren Gott braucht.

KAPITEL 21

WENN FRAUEN TRÄUMEN

Ich hatte Meredith gerade über unsere Töchter kennengelernt und mich mit ihr angefreundet, als wir zusammen draußen in einem Park saßen, während unsere Mädchen liebevoll ihre Puppen bemutterten. Wir vier müssen einfach ein perfektes Bild abgegeben haben. Wir beiden Mütter sprachen mit Flip-Flops an den Füßen und mit Kaffee und Cola Light in den Händen über Aktivitäten nach Schulschluss, während unsere beiden Töchter brav mit angemessenen Spielsachen schön miteinander spielten. Sogar die Haare ihrer Puppen sahen an diesem Tag hübsch aus.

Ich aber bin niemand, der immer schön angemessen ist. Kaum. Eigentlich nie.

In Merediths Augen lag eine Schwere, so wie bei fast allen Menschen, die ich kenne. Ihr Blick ließ mich vermuten, dass ihre Seele eingeengt war, als wäre sie in einer Kiste eingesperrt. Und da ich nun mal kein Fan von Smalltalk bin, zögerte ich nicht lange, sie darauf anzusprechen.

Zuerst umschiffte sie meine Fragen nach ihren eigenen persönlichen Hoffnungen und Träumen mit einer Geschichte von einer guten Freundin, zu der sie nicht mehr so viel Kontakt hatte wie früher. Diese Freundin hatte einige ziemlich mutige und bewusste Veränderungen in ihrem Leben vorgenommen; sie und ihr Mann hatten Träume, und mit manchen ihrer Träume waren sie von den Normen abgewichen, auf die ihre kleine Kirchengemeinde besonders viel Wert legte. Was sie taten, war keine Sünde, ihre Träume hörten sich sogar unglaublich selbstlos und riskant an. Aber ein paar ihrer Träume waren gescheitert, und einige ihrer ehemaligen Freunde hatten ihre neuen Projekte sogar als sündig bezeichnet. Merediths Angst um diese Freundin war deutlich spürbar.

Warum sprach sie über ihre Freundin, nachdem ich ihr die Frage gestellt hatte: „Wovon träumst du?"? Sie hatte mitbekommen, wie eine Freundin ein Risiko eingegangen war und dafür verurteilt wurde. Die Freundin wurde kritisiert, und zu allem Überfluss gingen einige ihrer Träume auch noch schief.

Meredith nahm meine Frage als bedrohlich wahr, weil sie sich nur zu gut bewusst war, welche „Regeln" für eine angesehene Frau in ihrer kleinen Welt galten.

Die Regeln lauteten:

1. Bleibe ganztags zu Hause bei deinen Kindern.
2. Verfolge nicht deine eigenen Leidenschaften und Träume, und gehe keine Risiken ein; das ist selbstsüchtig.
3. Stelle dich freiwillig als Klassenpflegschaftsvorsitzende zur Verfügung.
4. Verpasse nie ein Spiel von allen fünf Sportarten, die jedes deiner vier Kinder betreibt, oder eine Geburtstagsfeier oder einen Ausflug.
5. Das Abendessen sollte Pinterest-tauglich sein und stets pünktlich um 18:00 Uhr auf dem Tisch stehen.

Nun, ganz offensichtlich geschieht ein Teil des wirksamsten Dienstes für Gott durch Vollzeitmütter und Klassenpflegschaftsvorsitzende und während Pinterest-tauglichen Abendessen um 18:00 Uhr. Diese Dinge sind durchaus ehrenwert und nicht das Problem. Natürlich müssen diese und Tausende anderer Aufgaben zu Hause, in Schulen und Büros getan werden, ob wir uns nun dafür begeistern können oder nicht. Das Problem liegt nicht in diesen Rollen oder Pflichten an sich; das Problem ist, wenn diese Dinge zu menschengemachten Regeln werden, die für fromme Frauen verpflichtend sind.

Eine gute Mutter zu sein und in der Schule mitzuhelfen war für Meredith kein Problem. Doch das Gefühl, dass sie außerhalb dieses akzeptablen Rahmens nichts tun konnte, strangulierte ihre Seele, ihre Träume und ihren Gehorsam gegenüber Gott.

Ihre besondere Situation fand in den konservativen Südstaaten der USA in einer evangelikalen Gemeinde statt, aber ich habe auch eine Freundin in New York City, die sich dafür verurteilt fühlt, dass sie nicht berufstätig ist und sich noch dazu entschieden hat, ihre Kinder zu Hause zu unterrichten, auch wenn dies ihre persönliche Überzeugung und Berufung ist. Und ich habe eine weitere Freundin, die sich dafür verurteilt fühlt, dass sie sich als alleinstehende Frau dazu entschieden hat, ein Kind zu adoptieren. Und da ist eine andere Freundin, die voll und ganz mit ihren Kindern im Kleinkindalter beschäftigt ist und sich dafür verurteilt fühlt, dass sie es nicht schafft, noch etwas anderes zu tun, als das Überleben ihrer Kinder sicherzustellen.

Solche Dinge geschehen auf millionenfache Weise an Millionen von Orten dieser Welt. Die Regeln scheinen in jeder Gemeinde, jeder Stadt, jedem Land unterschiedlich zu sein, sogar innerhalb jeder Generation. Verschiedene Arten von Handbüchern, die beschreiben, „wie man als Frau ein gottgefälliges Leben führt", scheint es überall zu geben, wo ich hingehe.

Liebe Frauen, wir sind so was von hart zueinander. Wir müssen damit aufhören.

Liebe Frauen, wir sind so was von hart zueinander. Wir müssen damit aufhören.

Wir befinden uns inmitten einer Generation, die von sozialen Zwängen und Geschlechterzwängen durchzogen ist. Die Last der „Regeln" liegt schwer auf den Schultern der Frauen in Gemeinden, zu Hause und am Arbeitsplatz, und ich glaube, wir vergessen manchmal, wie der ganze mannigfaltige Druck sich auf fast alle unsere Entscheidungen und Träume auswirkt.

Wenn wir mit unseren einzigartigen Begabungen und Visionen, unseren Träumen und unserem Gehorsam Gottes Willen folgen, dann sehen unsere Rollen von ganz alleine vielfältig aus. Denn jeder von uns sieht schon von außen einzigartig aus, aber ich versichere dir, dass wir innerlich noch viel kunstvoller gestaltet sind.

Welche Spannungen verspürst du als Frau?

Hier ein paar Beispiele:

- „Mein Mann fühlt sich durch meine Träume bedroht."
- „Ich habe das Gefühl, ich vergeude eine teure Ausbildung, aber ich fühle mich dazu berufen, zu Hause zu bleiben und meine Kinder zu erziehen."
- „Meine Begabungen sind so stark, dass ich mir Sorgen darüber mache, dass mich kein Mann heiraten will, wenn ich als starke Frau Erfolg habe."
- „Meine Kinder werden enttäuscht sein, wenn ich nicht immer für sie da sein kann."
- „Menschen mögen keine starken Frauen."
- „Mein Mann hat so viele Erwartungen an mich als Hausfrau und Mutter, dass ich keine Möglichkeit habe, irgendetwas über dies hinaus zu tun."
- „Ich würde gerne nach Übersee gehen, aber ich habe das Gefühl, ich sollte warten, bis ich verheiratet bin."
- „Ich muss als alleinerziehende Mutter für meine Kinder sorgen; sie haben sonst niemanden. Träume sind ein Luxus, den ich mir nicht leisten kann."
- „Ich habe Begabungen im Bereich Lehren und Leiterschaft, aber meine Gemeinde ist dagegen, dass Frauen solche Aufgaben wahrnehmen."
- „Meine alten Eltern brauchen mich."
- „Meine Enkelkinder brauchen mich. Das ist nicht mein Traum, aber es ist meine Realität, und für etwas anderes habe ich keine Zeit."

- „Ich fühle mich dazu berufen, ein Kind zu adoptieren, aber mein Mann ist dagegen."
- „Ich kann nicht alles schaffen."

Was sollen wir also tun?

Als Gott mich in einen anspruchsvolleren Dienst rief, der mehr in der Öffentlichkeit stattfinden würde, war mir klar, was dies bedeutete: Ich würde nicht bei allen Sportveranstaltungen meiner Kinder dabei sein können. Babysitter würden Teil meiner Familie werden. Mein Mann würde manchmal von meiner Berufung in den Schatten gestellt werden. Ich würde reisen müssen. Meine starken Begabungen würden in der Gemeinde oft anecken. Und ich würde den Titel abgeben, den ich mehr als ein Jahrzehnt mit Stolz getragen hatte: Vollzeitmutter.

Allein aufgrund meines Geschlechts gab es eine Menge Spannungen im Hinblick auf meine Berufung, sodass ich mir eine Zeit lang ein anderes Geschlecht wünschte, aber da dies nicht möglich war, wünschte ich mir eine andere Berufung.

In diesem Zusammenhang habe ich eine Erinnerung, die in mir ganz besonders häufig wieder hochkam. Ich hatte gerade Semesterferien und saß mit meinen Eltern in der Gemeinde. An diesem Morgen predigte unser Pastor über das biblische Bild der Mutterschaft. Um dies zu illustrieren, bat er in der Mitte seiner Predigt eine Frau unserer Gemeinde, die einen sehr einflussreichen internationalen christlichen Dienst leitete, auf die Bühne und verkündete, dass sie ihren Dienst aufgab, um zukünftig zu Hause bei ihren Kindern zu bleiben.

Daraufhin gab es in der Gemeinde stehenden Beifall.

In meinem Kopf aber verwandelt sich dieser Beifall jedes Mal in Buhrufe und Verurteilungen, wenn ich daran denke, dass ich selbst in genau die entgegengesetzte Richtung gehe wie diese Frau damals. Auch wenn ich in meinem Kopf keine Zweifel hatte, dass ich meine Schritte im Gehorsam gegenüber Gott ging, hatte ich Angst davor, als Sünderin dazustehen, weil meine Berufung nicht dem vorgeschriebenen Bild einer Mutter in meiner konservativen Gemeinde entsprach.

Bestimmt traf diese Frau ihre Entscheidung hinsichtlich ihrer Berufung im Gehorsam gegenüber Gott, so wie auch ich darum rang, wie ich ihm gehorsam sein konnte. Und es war wohl ihr Gehorsam gewesen, dem die Gemeinde applaudiert hatte. Aber wie wir unsere Rollen selbst sehen, wird maßgeblich von unserer Kultur beziehungsweise von der Anerkennung oder Missbilligung anderer beeinflusst.

Gehorche Gott

Der einfachste Weg, Gott zu gehorchen, ist das Studieren und Anwenden seines Wortes. Aber „der Bibel gehorchen" … ich wünschte, es wäre einfach. Fast jeder angesehene Lehrer und Theologe definiert die Rolle der Frau laut der Bibel unterschiedlich.

Ich werde mein Bestes tun, Gott innerhalb der Grenzen und Freiheiten zu gehorchen, die die Bibel mir als Frau gibt. Aber die Rolle der Frau ist in der Bibel manchmal schwer festzulegen, daher sollten wir hier zu einer persönlichen Überzeugung kommen und in den Grauzonen gnädig sein. Eine persönliche Überzeugung kann kein Gesetz werden.

Wir müssen biblische Anordnungen von kulturellen christlichen Werten trennen.

Wir müssen biblische Anordnungen von kulturellen christlichen Werten trennen.

Hab Vertrauen in Gott hinsichtlich der Kosten

Ich habe die Last der Sorge, dass meine Kinder unter Gottes Berufung für mein Leben leiden könnten, körperlich regelrecht gespürt. Und wenn ich ehrlich bin, haben sie das auch. Diese Berufung betraf nicht allein mein Leben, sie würde die komplette Familie etwas kosten. Denn jede Berufung kostet etwas.

Als Frauen sehen wir oft die Kosten für uns und die Menschen, die wir lieben, voraus, und geben unseren Traum wieder auf.

Als Frauen sehen wir oft die Kosten für uns und die Menschen, die wir lieben, voraus, und geben unseren Traum wieder auf.

Aber weil es Gott war, der meinen Traum baute, haben eben jene Kosten, vor denen ich im Hinblick auf meine Kinder die größte Angst hatte, am meisten ihren Charakter geformt. Eines Abends, nachdem ich mit vielen Frauen über Gott gesprochen hatte, lag ich in einem Holiday-Inn-Hotel in Milwaukee. Mein dreizehnjähriger Sohn Conner erzählte mir am Telefon von dem Spiel, das ich leider an dem Tag nicht hatte sehen können. Ich spürte die Kosten; er spürte die Kosten. Ich war sehr traurig,

Am Ende des Telefonats sagte er: „Mama, wir haben übrigens für die Frauen gebetet, zu denen du heute gesprochen hast. Wie ist es denn gelaufen?“

Und dann schnappte sich Cooper, mein Fünfjähriger aus Ruanda, das Telefon und rief: „Mama, erzählst du anderen Leuten von Jesus?“

Mein Herz ging auf, weil trotz der Kosten, vor denen ich Angst gehabt hatte, bei meiner Familie eine tiefere Anteilnahme an dem Anliegen Gottes und den Nöten anderer Menschen entstanden war.

Vielleicht denkst du, deine Berufung sei gar nicht so geistlich. Deine Kosten sind vielleicht ein finanzielles Opfer, weil du deinen Job aufgibst; oder du liegst in deinem Hotelzimmer und erzählst deinen Kindern von einer Verkaufspräsentation. Aber was auch immer deine Berufung ist und wen auch immer sie etwas kostet, der Punkt ist, dass wir alle die Pläne Gottes hier umsetzen, an einzigartigen Orten mit einzigartigen Anforderungen. Und Gott kalkuliert die Kosten unserer Berufungen. Wir brauchen also keine Angst vor dem Preis zu haben, den wir zahlen müssen; wir müssen ihn nur abwägen und dürfen unsere gottgegebene Verantwortung nicht für unseren eigennützigen Vorteil aufgeben.

Ich habe erkannt, dass meine Kinder mich gar nicht bei jedem Spiel brauchen. Zu allererst brauchen sie Eltern, die Gott fürchten und gehorchen. Wenn sie allerdings sehen würden, dass ich sie aus eitlem Ehrgeiz vernachlässigen würde – Kinder sind schlau – ich kann mir vorstellen, dass sie dann gekränkt wären.

Wir sind zusammen eine Familie mit einer Mission, die sich gegenseitig unterstützt, für einander Opfer bringt und den Namen Gottes auf ihre eigene Art groß macht. Ich möchte, dass meine Kinder den Mut und den Willen haben, Gott zu gehorchen, auch wenn dies Opfer bedeutet. Und ich muss ihnen hierin ein Vorbild sein.

Entscheide dich für weniger Stimmen

Unsere Köpfe sind ständig übervoll, denn von überall werden uns Meinungen zugerufen, von Eltern, Pastoren, Freunden und Kollegen. Wenn wir sie alle darüber entscheiden lassen, wer wir sind und was wir mit unserem Leben anfangen sollen, wird unser Kopf zum Bersten voll.

Wir fühlen uns oft verunsichert und fragen uns, warum wir Gott nicht hören können. Das Ding ist: Wir müssen entscheiden, auf wen wir hören wollen. Wenn ich also träume oder das Gefühl habe, ich sollte mich in eine bestimmte Richtung bewegen, gehe ich damit zu meinen Ankerplätzen.

> Such dir die Stimmen aus, auf die du hören möchtest, und sei dann bereit, die anderen zu enttäuschen.

Zu diesen Ankerplätzen gehören die Bibel, der Heilige Geist, mein Mann, die Gemeindeältesten und mein Mentor. Und da ist auch meine kleine Gruppe von Freunden, die eine tiefe Liebe zu Gott haben und keine Angst davor haben, mir einen Tritt in den Hintern oder einen Schubs zu verpassen, damit ich Gott gehorche, auch wenn mein Gehorsam anders aussieht als ihrer. Auf diese Stimmen höre ich; auf diese Weise empfange ich Wahrheit und berechne dann die Kosten.

Such dir die Stimmen aus, auf die du hören möchtest, und sei dann bereit, die anderen zu enttäuschen. Wir müssen entscheiden, auf wen wir hören wollen und auf wen nicht. Du bist nicht dazu verpflichtet, dich jeder Überzeugung und jedem Urteil von jeder Person um dich herum zu unterwerfen, sonst wirst du nie etwas tun. Entscheide dich dazu, auf einige wenige Stimmen zu hören, denen du vertraust.

Wenn meine wenigen Stimmen mich bestätigen und mich loslassen, laufe ich los. Und wenn sie mich festhalten, bleibe ich stehen und höre ihnen zu.

Ein Ehemann, der Träume freisetzt

Die wichtigste irdische Stimme in meinem Leben ist mein Mann. Ich werde oft gefragt: „Wie schaffst du das alles als Mutter und Pastorenfrau und Autorin?"

Nun, ich bekomme viel Hilfe: Babysitter, Hilfe im Haushalt und Hilfe bei verwaltungstechnischen Dingen. Aber die offensichtlichste Antwort ist, dass ich bei all dem, was sonst noch in meinem Leben passiert, ohne den Segen, die Führung und das Opfer meines Mannes nichts von dem tun könnte. Wir haben uns eine gute Ehe erkämpft, und es ist nicht einfach gewesen. Aber gerade weil ich so leidenschaftlich und stark und unabhängig sein kann, fühlt es sich so gut an, mich von meinem Mann leiten zu lassen.

Es gibt keinen Zweifel, dass das Ausmaß an Unterstützung, das wir von unseren Ehemännern erfahren (wenn wir verheiratet sind), unsere Träume beeinflussen wird und auch sollte.

Ich habe Zac gebeten zu erzählen, wie er dahin gekommen ist, mich freizugeben und mich dahin zu leiten, dass ich meine Begabungen einsetzen und meine Berufungen erfüllen kann. Also, liebe Ehefrauen, reicht diese Seiten an eure Männer weiter.

Ein Brief von Zac

Es war ein perfekter Tag. Draußen waren es über 25 Grad und wir standen auf dem Rasen vor einem alten Plantagenhaus in der Innenstadt von Little Rock. Dies war der Tag, an dem all unsere Träume wahr werden würden. Ich stand da und schaute in Jennies Augen und versprach ihr vor Gott, sie zu leiten, indem ich täglich meine selbstsüchtigen Wünsche aufgab, so wie Christus es getan hat. In den Aufzeichnungen zu unserem Traugottesdienst steht, dass der Pastor an diesem Tag Epheser 5,28–30 vorlas: „Darum sollen auch die Männer ihre Frauen lieben wie ihren eigenen Körper… Niemand hasst doch seinen eigenen Körper. Vielmehr ernährt und pflegt er ihn. So sorgt auch Christus für seine Gemeinde; denn wir sind schließlich die Glieder seines Leibes."

Wenn ich ehrlich bin, erinnere ich mich gar nicht so genau an die Trauzeremonie oder die Worte des Pastors oder das Eheversprechen, das ich Jennie gab. Ich weiß nur, dass in den 16 Jahren unserer Ehe – mit vielen Umzügen, vier Kindern, Hypotheken und unbefriedigenden Jobs – die Träume, die wir an vielen Tagen vor unserer Ehe geträumt hatten, sehr schnell großen Verantwortlichkeiten wichen.

Erst hatte ich versucht, das Herz dieses Mädchens zu gewinnen und ihr die Freiheit gewünscht, die Träume zu verfolgen, die Gott für sie hatte, doch dann hatte ich versucht, mit der Sprache der Bibel bezüglich des Themas Unterordnung jeden Traum zu töten, der mir nicht genehm war oder durch den ich mich bedroht fühlte. So hatte Jennie schon kurz nach unserer Hochzeit einen passiv-aggressiven, emotionslosen Ehemann, und ihre gottgegebenen Leidenschaften und Träume begannen zu sterben.

Damals dachte ich, ich hätte recht, und meine Form der „Leitung" gegenüber Jennie sei durch die Bibel gerechtfertigt. Aber ich lag falsch. Ich hatte mir eingeprägt: „Ihr Frauen, ordnet euch euren Männern unter" (Epheser 5,22), aber hatte keine Ahnung, was es bedeutete, dass Männer ihre Frauen ernähren und pflegen sollen (Vers 29).

Ehrlich gesagt habe ich Jahre gebraucht, um reif genug zu werden, meinen Irrtum einzusehen. Und wenn du das hier liest und erkennst, dass du gar nicht weißt, wie man jemanden ernährt und pflegt, brauchst du nicht zu verzweifeln. Das wissen auch unzählige andere Männer nicht, die dieses Buch lesen, nur weil ihre Frauen sie darum gebeten haben. Also, hör mir zu, was ich dir auf den folgenden Seiten sagen möchte, weil ich dir helfen will, deine Frau zu leiten. Mein Ziel ist nicht, dich niederzumachen, sondern dich vielmehr zu einer der wichtigsten Berufungen deines Lebens aufzurufen.

Liebe Ehemänner, eure Frauen zu ernähren und zu pflegen heißt, eurer Frau die Freiheit zu geben, all das zu sein, was sie in Christus sein soll. Ja, das heißt, du sollst mit ihr auf verständnisvolle Weise leben: Du solltest die Verletzungen kennen, die sie mit in die Ehe bringt, du solltest ihre Leidenschaften kennen, und du solltest dir ihre Träume anhören, auch wenn du keine Ahnung hast, was du damit anfangen sollst. Ernähren und pflegen heißt, dass du zu einem sehr kraftvollen irdischen Abbild der bedingungslosen Liebe Gottes wirst. Ein Teil dieser bedingungslosen Liebe zeigt sich auch, wenn deine Frau sich den vielen scheinbar gewöhnlichen Aufgaben des Alltags widmet. Aber, liebe Ehemänner, vergesst nicht: Ernähren und pflegen heißt auch, die Initiative zu ergreifen, ihre Begabungen und Berufungen zu fördern und ihr beim Träumen zu helfen.

Warum ist mir das alles zunächst nicht bewusst gewesen? Warum sterben so viele Träume so schnell nach dem Jawort?

Ich denke, ich kann mein Versagen hinsichtlich des Ernährens und Pflegens auf zwei Dinge zurückführen:

1. *Ich hatte eine düstere, abgestumpfte Sicht auf das Thema Unterordnung. Ich benutzte es, um meine Frau zu unterdrücken, damit ich meine „wichtigeren Ziele" rechtfertigen konnte. Natürlich würden ein paar von uns sagen, dass unsere Berufungen und Begabungen als Männer wichtiger sind als die unserer Frauen. Und genauso habe ich meine Frau oft geführt. Daher solltest du heute Abend oder an einem anderen Termin in dieser Woche deine Frau einmal fragen, ob sie sich sicher genug fühlt, mit dir*

gemeinsam zu träumen. Frag sie, ob sie sich wertgeschätzt und befähigt fühlt, ihre Begabungen einzusetzen.

2. *Ich war mir unsicher, wer ich in Christus war. Wenn ich in meinem Beruf keine gute Leistung erbrachte oder meine Arbeit nicht als befriedigend empfand, fühlte ich mich wie ein Versager. Meinen Wert machte ich nicht an der Annahme durch den Gott des Universums fest, sondern an der Missbilligung, die ich in mir selbst spürte. Heute weiß ich: Ein verunsicherter Ehemann wird niemals in der Lage sein, die Begabungen seiner Frau anzufeuern, geschweige denn zu pflegen. Verunsicherte Ehemänner denken zuerst an sich selbst. Es gab unzählige Augenblicke in meiner Ehe, in denen ich mich im Stillen über die Begabungen meiner Frau ärgerte. Oder vielleicht war ich sogar so großmütig, sie zu ermutigen, ihre Begabung im Bereich der Lehre einzusetzen, ärgerte mich aber dann darüber, dass ich mit den Kindern zu Hause allein bleiben musste, während sie unterwegs war, um ihre Begabung einzusetzen.*

Ich habe Jahre gebraucht, um zu erkennen, dass das Problem nicht war, dass ich mit einer leidenschaftlichen, begabten, „nicht unterwürfigen" Frau verheiratet war, die anfing, ihre Begabungen einzusetzen, und die ich dann doch wieder zurück in die Realität holte. Das Problem war ich selbst: mein falsches Verständnis von meiner Aufgabe, uns als Team zu leiten, und mein Unmut darüber, dass meine Frau sich frei bewegte, während ich immer noch tief in meinen eigenen Unsicherheiten feststeckte.

Also, liebe Ehemänner, wenn ihr das hier lest, glaube ich, dass ihr euch wirklich für eure Frauen wünscht, dass sie all das in Christus sein können, wozu sie geschaffen wurden. Ihr möchtet, dass eure Kinder eine Mutter sehen, die anderen dient und ihre Begabungen innerhalb und außerhalb des Hauses einsetzt. Und ich glaube, ihr möchtet euch gerne heute noch euren Frauen gegenübersetzen und ihre gottgegebenen Träume und Berufungen stärken.

Aber wie wird man zu einem Ehemann, der Träume freisetzt?

- *Mach dir klar, dass du niemandem etwas beweisen musst. So lange du versuchst, dich selbst oder deine Identität zu beweisen, wirst du nie begreifen, dass du von Gott vollständig geliebt und angenommen wirst. Wenn du zu Jesus gehörst, musst du niemandem mehr etwas beweisen. Jesus hat deinen verzweifelten Wunsch erfüllt, den Anforderungen zu entsprechen. Je mehr diese Wahrheit in dich eindringt, desto weniger wirst du Erfüllung in deinem Beruf oder im Geld oder durch deine Frau suchen. Ehemänner, die Träume freisetzen, sind sicher in Christus.*
- *Nimm deine Rolle an. Erkenne, dass der Aufruf, deine Frau zu ernähren und zu pflegen, nicht von ihrer Leistung abhängig ist. Jesus gab sein Leben für eben jene Menschen (dich und mich), die ihn ans Kreuz gebracht hatten. Wenn du dir deiner Identität in ihm sicherer wirst, wirst du Freude darüber empfinden, dass deine Frau ihre Begabungen einsetzt und ihre Berufungen umsetzt.*
- *Nimm den Kontrollverlust an. Wenn du dir deiner Identität in Jesus sicherer wirst und anfängst, deine Frau anzuspornen, auch ihre Begabungen einzusetzen, wird dein Leben eine neue Spannung erhalten: Es wird sich teilweise chaotisch anfühlen. Du erkennst, dass das, was du als „Ausgeglichenheit" für deine Familie bezeichnet hast, in Wirklichkeit ein gezieltes Bemühen war, dein Leben um jeden Preis unter Kontrolle zu halten. Weißt du, Gott verspricht uns niemals Ausgeglichenheit. Daher ist dieses neue Leben, das sich manchmal chaotisch anfühlt, wahrscheinlich ein Zeichen dafür, dass ihr gemeinsam versucht, der Führung des Heiligen Geistes zu folgen. Und egal, was man erleiden oder opfern muss, oder ob die Spüle voller schmutzigem Geschirr ist und man keine sauberen Unterhosen mehr im Schrank hat, du wirst voller Freude sein, weil dir Jesus unendlich mehr Zufriedenheit schenkt als der Gott der Kontrolle.*

Liebe Männer und Ehemänner, dies ist Gottes Berufung für unser Leben. Es ist eine der nobelsten Berufungen der Welt. Und ich wette, dass du, während du deine Frau mutig leitest, die Frau wiederentdecken wirst, in die du dich einst verliebt hast.

– Zac

Liebe Frauen, wenn ihr das lest, solltet ihr wissen, dass ich mich viele Jahre nicht dazu befreit gefühlt habe, meine Begabungen einzusetzen. Und in meiner Unsicherheit kämpfte ich um meine Rechte und meckerte ständig, weil ich mir mehr Freiheit wünschte. Das hat nicht funktioniert, und wir mussten viel Zeit, Gebet, Beratung und Verzicht einsetzen, damit unsere Ehe wieder heil werden konnte. Heute haben wir miteinander viel Spaß. Es war die Arbeit wert.

Die Bibel spricht von einem Tag, an dem es weder Sklaven noch Freie, weder Juden noch Griechen, weder Männer noch Frauen geben wird.[1] Dieser Tag ist noch nicht da, aber diese Spannungen werden auch nicht für immer andauern.

Meine kleine Tochter wird wirklich eine unglaublich tolle Mutter sein, wenn aus diesen Puppen richtige Babys werden. Aber als Frau bete ich dafür, dass ihr Wert und ihre Identität sich nicht darauf gründen werden, welche Leistung sie in ihrer Rolle als Mutter, oder Tochter, oder Ehefrau, oder Freundin, oder Angestellte erbringt. Ich bete dafür, dass ihre Seele zur Ruhe kommt und sich sicher fühlt, weil ihre Augen direkt auf den gerichtet sind, der ihre Seele erschuf und rettete.

KAPITEL 22

FOKUSSIERT UND BESTÄNDIG

Es war mitten in der Nacht. Ich lag wieder auf dem roten Sofa auf der Ranch meiner Schwester und starrte diesmal an eine neue Zimmerdecke. Sechs oder sieben Jahre waren vergangen, und ein paar Kinder mehr ließen die Zeit schneller vergehen als damals in den ersten Tagen mit nur einem Neugeborenen. Ich lag da, die Augen weit geöffnet, und spürte eine Berufung, die ich nie gewagt hätte, mir selbst auszudenken. Es war außergewöhnlich, weil es so deutlich war. Und doch wirbelten all die Teile und Fäden meines Lebens noch immer chaotisch in meinem Kopf umher – ohne Klarheit, ohne Ordnung. Über ein paar Lebensfäden war ich mir klar geworden, aber ich hatte noch immer keine Idee, was ich mit ihnen anfangen sollte. Und nun hatte ich eine fast schon irrwitzige Vision:

Sammle deine Generation und rüste sie aus.

Nur jemand, der entweder dumm oder von Gott besessen ist, würde überhaupt in Erwägung ziehen, dass dieser Ruf echt sein könnte. Weil ich mir nicht sicher war, ob er von Gott kam, schob ich ihn jahrelang immer wieder vor mir her. Außerdem besaß ich keine Mittel, so etwas Absurdes zu tun – eine Generation zu versammeln. Es war wirklich irrwitzig. Eins sollte ich klarstellen: Ich bin nicht charismatisch genug aufgewachsen, um mit der Erwartung zu leben, von Gott Visionen zu erhalten.

Ich war bereits genug damit beschäftigt, eine große Berufung auszuleben: Mutterschaft. Ich hatte keinerlei Verbindungen oder Bestrebungen, eine Organisation zu gründen oder sogar ein Buch zu schreiben. Die Jahre vergingen, und ich kann mich nicht erinnern, dass ich jemals wieder besonders über diese Nacht nachgedacht hätte.

Und jetzt, mehr als ein halbes Jahrzehnt später, finde ich, dass sich so viele Leute und Lebensfäden genau an der richtigen Stelle befinden, sodass ich wirklich denke, dass dieses Flüstern von Gott gewesen sein könnte. Also riefen Gott und ich in dieser Nacht, während ich auf dem Sofa lag und fürchterliche Angst verspürte, die Vision ins Leben, eine ganze Generation zu erreichen. Ich glaube, es wird eine Weile dauern, und ich glaube auch, dass ich nicht jeden in dieser Generation auf der ganzen Welt erreichen werde. Aber hier fange ich an.

Ich wünschte, meine Lebensfäden wären perfekter entwirrt. Aber ich kümmere mich darum und tue mein Bestes, auf Gottes Geist zu hören und im Gehorsam zu antworten, obwohl alles so verrückt scheint. Gott sei Dank, dass er seine Pläne auf dieser Welt trotz uns ausführt.

Zu etwa derselben Zeit nahm mein Ehemals-Footballtrainer-jetzt-Pastor-Ehemann, der gerne Neues startet und die letzten 15 Jahre einen hauptamtlichen Dienst für Gott getan hatte, seine eigenen Lebensfäden und Gottes Geist wahr, die ihm den Weg zurück in die Wirtschaft wiesen. Zusammen mit seinem besten Freund träumte er davon, mit einem Unternehmen Gott dienen zu können, und wie es wohl wäre, Unternehmen zu gründen, bei denen man gleichzeitig eine Menge in das Leben seiner Mitarbeiter investieren könnte.

Während ich den Ruf erhielt, noch mehr hauptamtlichen Dienst für Gott zu tun, wurde Zac aus eben diesem herausgerufen, um Gott in der freien Wirtschaft zu dienen. Gottes Geschichten können dahin führen, dass man sein Geld als Pastor verdient oder als Mitarbeiterin in einem Bekleidungsgeschäft; indem man Kinder erzieht oder ihnen Mathe beibringt oder der Welt Gott zeigt, indem man hervorragende Zeitungsartikel oder theologische Texte verfasst. So kreativ ist Gott.

Also was jetzt?

Was wäre, wenn du genauso lebtest?

Was wäre, wenn du einfach losliefest?

Was wäre, wenn du Gottes Träume träumtest?

Was wäre, wenn du ihm genau hier gehorsam wärst, an deinem einzigartigen, schönen Ort?

• • •

Der Werbeslogan von Austin lautet „Keep Austin Weird" (auf Deutsch etwa: „Lasst Austin sonderbar bleiben"). Und Austin liebt Rennen. Fast jeder, der hier lebt, ist schon mal bei einem Rennen mitgelaufen. Hier gibt es Rennen, bei denen Menschen dich mit Farbe bewerfen und Rennen, die dich über Hindernisse führen. Und es gibt ein ganz besonders schräges Rennen mit dem Titel „Lauf um dein Leben", bei dem dich als Zombies verkleidete Menschen verfolgen und versuchen, dich anzugreifen.

Ich habe daran zwar noch nicht teilgenommen, aber ich kann dir versprechen, ich würde eine ziemlich gute Zeit erreichen! Wenn Zombies mich verfolgten, würde ich um mein Leben rennen, und du wohl auch.

Und übertragen auf unsere eigenen Rennen glaube ich, dass bei ihnen der Feind uns direkt auf den Fersen ist. Auch wenn die Rennstrecke gut abgesteckt und gekennzeichnet ist, dauert das Rennen lang. Und das Rennen ist hart.

Als Zac und ich beide zu unseren neusten Aufgaben aufbrachen, um der Not anderer Menschen zu begegnen, hatte Sarah ihre Schlaganfälle. Daraufhin hielt eine dunkle, beängstigende Verzweiflung in meiner Seele Einzug. Nie zuvor in meinem Leben verspürte ich ein derart schweres Gewicht auf mir lasten und mich runterdrücken, weshalb ich mir ausmalte, wie es wäre, mein eigenes Rennen abzubrechen. Diese Möglichkeit spielte ich immer wieder in meinem Kopf durch und rechtfertigte sie vor mir selbst.

Ja, ich liebte Gott noch immer. Aber ich wollte nicht mehr weiterlaufen. Ich wollte lieber wieder ein bequemes Leben führen, mehr noch, als ich Gottes Willen für mein Leben hier auf Erden erfüllen wollte.

Zur selben Zeit mussten wir mit unseren Kindern viermal in zwei Monaten in die Notaufnahme. Einmal war das Leben und einmal das Gehirn eines Kindes in Gefahr, und einmal ging es um eine Krankheit, die vielleicht chronisch sein könnte. Außerdem kam meine Großmutter ins Hospiz und bereitete sich mit meiner Mutter an ihrer Seite auf den Tod vor, während meine beste Freundin ein paar Stockwerke höher auf einer anderen Station lag, unfähig sich zu bewegen oder zu sprechen.

Du weißt, dass das Leben manchmal so läuft.

War dies ein geistlicher Angriff?

Ich weiß es nicht, aber es fühlte sich so an, als würden wir von Zombies verfolgt. Wenn du das bist, Teufel, dann sage ich dir Folgendes: Es ist unter der Gürtellinie, dich an meine Kinder heranzumachen!

Eines weiß ich: Es tobt ein sehr realer und sehr aktiver Kampf, und der Preis, um den es geht, ist der Glaube. Gott schenkt Glauben und Satan stiehlt ihn. Gott liebt den Glauben in uns mehr als alles andere, und Satan hasst unseren Glauben mehr als alles andere.

Der Glaube ist das Maß, mit dem wir glauben, dass Gott Gott ist. Und der Glaube ist das Maß, mit dem wir Gott Gott sein lassen.

Der Glaube ist das Maß, mit dem wir glauben, dass Gott Gott ist. Und der Glaube ist das Maß, mit dem wir Gott Gott sein lassen.

Wir hatten gerade angefangen, ein bisschen mutiger und gehorsamer zu leben, und es fühlte sich an, als ob irgendetwas oder irgendjemand sich dadurch bedroht fühlte. Durch diese Reise, durch dieses Projekt. Es zeigt sich, dass dies ein Marathon ist – nichts für schwache Seelen und nicht für jene, die schnell ein einfaches und glückliches Leben haben wollen. Und als ich schon aufgeben wollte, erinnerten mich die mir liebsten Menschen an meinen Gott. Wir brauchen diese Menschen. Und die Nöte, die ich sah, flüsterten mir zu (wie Gotham es Batman zuflüsterte), ich solle nicht aufhören. Sarah, die mir immer gesagt hatte, ich könne nicht aufhören, konnte mich jetzt nicht aus meiner Verantwortung entlassen.

„Gewinne den Tag"

Träume nicht davon, heute eine Megaleistung wie den Gewinn eines Endspiels oder die Erfindung eines nobelpreiswürdigen Produktes zu schaffen. Gewinne stattdessen an diesem Tag und in diesem Augenblick Erfahrung dazu. Gewinne den Tag, was auch immer er für dich bereithält.

> Es ist nicht so, dass große Dinge von großen Menschen getan werden. Gott ist es, der große Dinge mit Menschen tut, die sich ihm anvertrauen. Und Hingabe erfolgt jeden Tag in tausenden kleinen Schritten.

Wird unser kleiner Stamm von Missionaren (dem du dich hoffentlich anschließen wirst) jemals eine ganze Generation erreichen? Ich weiß es nicht.

Aber heute werde ich ein paar Augenblicke allein mit Gott verbringen und wirklich mit ihm sprechen. Und ich werde dir diese Worte schreiben, ein paar E-Mails verschicken, ein paar scheinbar unwichtige Anrufe tätigen und meinen Kindern das Buch *Miss Fannie's Hats* (*Miss Fannies Hüte*) vorlesen. Ich werde die Krümel der Frühstücksflocken wegfegen und meinen Mann anfeuern, während er ein paar finanzielle Risiken eingeht, um Gott nachzufolgen. Auch wenn ich eigentlich Angst davor habe und lieber sagen würde: „Bitte tu's nicht." Auch wenn jedes Stück des heutigen Tages sich klein anfühlt.

Heute werde ich all dies tun und dabei kurz aufblicken und mich daran erinnern, dass ein Rennen auf dieselbe Art und Weise zu Ende gebracht wird wie dieses Buch. Schritt für Schritt. Wort für Wort. Tag für Tag.

Bill Gates schrieb: „Häufig überschätzen die Menschen, was in den nächsten zwei Jahren geschieht, und unterschätzen, was in zehn Jahren sein wird."[1] Unterschätze niemals langfristigen Gehorsam.

Josef fegte seine Böden, saß auf seinem Gefängnisboden, entwickelte Strategien für Bauern, baute Lagerhäuser und träumte Träume. Und als er starb, hatte er viele Menschenleben gerettet und Gott in seiner Generation die Ehre gegeben.

Es ist nicht so, dass große Dinge von großen Menschen getan werden. Gott ist es, der große Dinge mit Menschen tut, die sich ihm anvertrauen. Und Hingabe erfolgt jeden Tag in tausenden kleinen Schritten.

Gewinne den Tag. Laufe die Stufen hoch, die heute vor dir liegen.

KAPITEL 23

DAS ENDE DER BANALITÄT

Ich brachte Caroline, meine Siebenjährige, heute Morgen zu spät zur Schule. Ich weiß nicht genau, warum; sie war müde und anschmiegsam, und ich mag es, sie um mich zu haben. Mein Plan für heute war, diese letzten Worte an dich zu schreiben. Die Zeit ist gekommen, dieses Buch zu Ende zu bringen und dich loszulassen, damit du deinen eigenen Wettlauf beginnen kannst. Schon seit Tagen (okay, seit Wochen) denke ich über diese Worte nach, doch bis jetzt hatte ich irgendwie das Gefühl gehabt, dass Gott ihnen einfach noch nicht die Freigabe erteilt hatte.

Als ich die Schule betrat, um Caroline in ihre Klasse zu bringen – zu spät zum Unterricht ohne einen wirklichen Grund außer „sie brauchte mich“ – sah ich Brenda, eine Mitarbeiterin der Schulleitung.

Völlig überraschend kam sie auf mich zu, umarmte mich und flüsterte mir dann zu: „Ich habe das Gefühl, ich sollte dir was erzählen.“

Ich gab meiner Caroline einen Abschiedskuss, sie rollte mit den Augen, kicherte und sprang los, die Seele noch erfüllt von unserer gemeinsamen Zeit.

Brenda hielt mich am Arm, während wir zusammen nach draußen gingen und uns auf eine Bank setzten. Wir hatten uns einige Jahre zuvor angefreundet, als mein Ältester gerade der größte Unruhestifter der fünften Klasse war (oh ja), und wir hatten zusammen geweint und nachgedacht und dafür gebetet, dass die Härte in ihm weichen möge. Mit Leuten, die mit einem zusammen über dein rebellisches Kind weinen, fühlt man sich verbunden.

Diesen Morgen füllten sich ihre Augen erneut mit Tränen, als sie – diese liebe, vom Heiligen Geist erfüllte Mutter, Lehrerin und 50 Jahre alter Fels von einer Frau – mir erzählte, wie sie ein paar Monate zuvor verhaftet und eines Verbrechens beschuldigt worden war. Als sie und ihr Sohn auf dem Weg zu einem College waren, das sie sich gemeinsam ansehen wollten, war am Flughafen in ihrem Handgepäck eine geladene Schusswaffe gefunden worden. Die geladene Waffe steckte in einer Tasche, die sie aus ihrem Elternhaus mitgenommen hatte, nachdem ihr Vater gestorben war, und sie hatte nicht gewusst, dass diese sich dort befand.

Aber innerhalb weniger Augenblicke wurde sie von jemandem, der sich einfach nur ein College ansehen wollte, zu jemandem, der am Flughafen wie ein Terrorist in Handschellen abgeführt wurde. Weil die Anklage so schwerwiegend war, wurde sie gleich darauf ins Staatsgefängnis gebracht. Und aufgrund der Größenordnung des Vergehens konnte sie zunächst keinen Anwalt finden, der sie vertreten wollte.

Die Anklage wurde schließlich fallengelassen, und sie durfte in ihr altes Leben zurückkehren. Aber heute, Monate später, zieht sie mich zu einer Bank, um mir dort unter Tränen davon zu erzählen, weil ihr dies so wichtig war. Warum?

Weil sie während dieser 24 Stunden, die sie mit ihren Händen in Handschellen im Gefängnis verbracht hatte, in die Augen vieler Frauen hatte blicken können, die nach Gott hungerten. Das Gefängnis hungerte nach Gott, und Gott brachte ihr kleines helles Licht direkt in diese Dunkelheit.

Eine Gefangene hatte Brenda sogar beim Arm genommen und gesagt: „Du leuchtest. Warum leuchtest du?“

Ich umarmte Brenda, unsicher, ob sie mich ihre Geschichte anderen erzählen lassen würde (sie stimmte zu), aber vollkommen sicher, dass Gott mir sein Schlusswort für dich geschenkt hatte.

Zusammen haben wir eine wichtige Arbeit getan, und auch wenn du heute keine Handschellen trägst, sondern vielleicht Sporthosen und ein T-Shirt oder Arbeitskleidung, hör mir zu: Du lebst in einer dunklen Welt, die sich nach Licht sehnt. Die Augen der Menschen hungern nach Gott und sehnen sich verzweifelt nach Freiheit.

Vielleicht denkst du, dein Leben sei klein, aber nichts an deinem Leben ist klein.

Vielleicht denkst du, dein Leben sei klein, aber nichts an deinem Leben ist klein.

Jeder Augenblick hat seine eigene Bestimmung, die wir nicht unbedingt immer sehen können. Jeder Atemzug wird uns gewährt, damit wir ewige Dinge tun, die noch getan werden müssen. Wir begegnen Menschen in Warteschlangen an der Kasse, die ihre Ewigkeit im Himmel oder in der Hölle verbringen werden, und wir tragen Gott in uns. Versuche mir zu sagen, dass dein Leben unbedeutend ist. Versuche mir zu sagen, dass irgendetwas an diesem Leben unbedeutend ist.

Spüre das Gewicht der Berufung, die du erhalten hast, aber nicht so, dass du Schuld spürst, sondern so, dass du den großen Wert spürst, der in deiner Seele und in deiner täglichen Arbeit liegt.

Nachdem ich mich von Brenda verabschiedet hatte, fuhr ich wieder in das Café, in dem viele dieser Worte aufgeschrieben wurden, und währenddessen erzählte mir eine Freundin, dass am Abend zuvor einige Freunde den netten Kellner im *Olive Garden* gefragt hatten, ob sie für ihn beten könnten, und er habe daraufhin angefangen zu weinen.

Der beste Freund des Kellners war kürzlich bei einem Autounfall ums Leben gekommen. An diesem Abend vertraute Henry vor dem *Olive Garden* in einem Gebet sein Leben Jesus an, während diese Freunde in die nächste Buchhandlung liefen, um dort in seine erste Bibel seinen Namen eingravieren zu lassen.

Das Gewicht der Herrlichkeit

Unsere Seele wird vom Geist Gottes zerstört und dann wieder neu aufgebaut. Wenn Gott auf diese Erde blickt, sieht er Licht und Dunkelheit. Und er sieht seinen Geist, der durch Wohngebiete, Büros, Schulen, Supermärkte und Spielplätze wandert und im *Olive Garden* Grissini ist. Wir kennen Gott und sind mit seinem Geist aus demselben Grund erfüllt, aus dem auch Petrus, Johannes, Paulus, Maria und Lukas in der frühen Gemeinde mit ihm erfüllt waren. Wir sind mit Gott erfüllt, um ihn in der Dunkelheit und in die zerbrochenen, hungernden Seelen auszugießen.

Es gibt keine durchschnittlichen, kleinen Träume und keine durchschnittlichen Menschen. Es sind keine bedeutungslosen Augenblicke, wenn wir in die Sporthalle gehen oder Makkaroni kochen, uns mit fehlerhaften Versandaufträgen befassen oder unsere Babys stillen. Wenn wir uns gegenübersäßen und du mich bitten würdest – mich anbetteln würdest –, ich sollte glauben, dass nichts an dem, was du tust, bedeutsam sei, du könnest mich nicht überzeugen.

Es gibt Augenblicke des Knuddelns, des Schuleverpassens und des öffentlichen Küssens, die unseren Kindern peinlich sind, aber sie brauchen eine erfüllte Seele, um ein Licht in ihrer Welt zu sein. Es gibt Augenblicke mit Overalls in Gefängniszellen, im übertragenen Sinn oder in der Realität, damit andere Menschen frei werden können. Es gibt Augenblicke mit neuen Bibeln vor dem *Olive Garden.* Es gibt Augenblicke mit verwickelten Lebensfäden beim Abendessen, wo einfache Visionen bekräftigt und Trainingslager ins Leben gerufen werden. Es gibt Augenblicke in Praxen von Sprachtherapeuten, in denen man eine junge Mutter umarmt, die mit den Tränen kämpft, weil sie sich fragt, ob ihr autistisches Kleinkind in einen normalen Kindergarten gehen kann. Es gibt viele Augenblicke, in denen man die Krümel vom Frühstück wegfegt – Augenblicke, die keiner sieht und die unmöglich wichtig sein können, außer, dass sie das Chaos beseitigen und Ordnung herstellen, damit deine Familie jeden Tag ein bisschen mehr gedeihen kann.

Es gibt Augenblicke in Büros, in denen du deinen ganzen Stolz runterschlucken musst, weil Kollegen über dich reden und dich vor anderen schlechtmachen, und Gott dir genau in dem Moment nahe ist, in dem du dich noch nie so allein gefühlt hast. Es gibt Augenblicke in Wartezimmern, in denen die Welt Kopf steht, deine Faust zittert und du zusammenbrichst. In den dunkelsten Augenblicken schuf Gott die allerhellsten.

Fühlst du dich rastlos?

Es gibt dieses „Mehr". Eine Geschichte, die gewichtiger und schöner ist, als man es alleine ertragen kann. Eine Geschichte, die sich von heute über mehr als zehn Millionen Jahre erstreckt.

An diesem Morgen auf der Bank erzählte mir Brenda, dass sie wenige Tage vor ihrer Verhaftung das Buch *Das Gewicht der Herrlichkeit* von C. S. Lewis zu Ende gelesen hatte. Als sie diesen Titel aussprach, dachte ich, wie perfekt dieser den Grund verdeutlicht, aus dem es mir zunächst unmöglich erschienen war, diese letzten Worte zu schreiben.

Ich spüre das Gewicht der Herrlichkeit.

Eine unbeschreibliche Bürde.

Eine heilige, gottgegebene Leidenschaft, die in meiner Seele brennt – für dich, für uns, für unsere Zeit auf dieser Erde. Weil ich weiß, dass wir nur einmal Blinzeln und dann zusammen für immer bei Gott sein werden, und dass wir dort weiterleben werden.

Lewis schrieb: „Gott gefallen ... Teil der göttlichen Freude sein ... von Gott geliebt werden, nicht nur bemitleidet, ihn erfreuen, so wie ein Künstler sich an seinem Werk oder ein Vater an seinem Sohn erfreut – das erscheint uns unmöglich; unser Denken kann dies Gewicht, diese Last der Herrlichkeit kaum ertragen. Und doch wird es so sein."[1]

So ist es. Wir sind

- von Gott erschaffen,
- von Gott errettet,

- mit Gott erfüllt,
- von Gott geliebt.

Mögen wir das niemals vergessen. Dieses Gewicht der Herrlichkeit, das wir tragen, ist das Versprechen von mehr, das Versprechen von zukünftigen Reichen, die wir uns nicht vorstellen können.

Also höre auf, deine Tage hier zu vergeuden, während du an Zimmerdecken starrst und dich fragst, ob es mehr gibt.

Es gibt mehr. Nimm die Fäden deines Lebens in die Hand und lebe dementsprechend.

WIE MAN GOTT FINDEN KANN

Ich kann mir kein größeres Gefühl von Rastlosigkeit vorstellen, als über den Sinn des Lebens und die Zukunft seiner Seele unsicher zu sein. So lange wir auf dieser Erde sind, werden wir uns nach etwas Größerem sehnen, weil wir für etwas Größeres gedacht sind – etwas Besseres. Wir sind für eine innige Beziehung mit Gott geschaffen, die in alle Ewigkeit hält.

Der Heilige Augustinus sagte einmal: „Du hast uns auf dich geschaffen, o Herr, und unser Herz ist rastlos, bis es Ruhe findet in dir."[1]

Wir hatten eine perfekte Beziehung mit Gott, bis die Sünde durch Adam und Eva in die Welt kam. Und mit der Sünde kam die Verheißung des Todes und der ewigen Trennung von Gott. Aber mit der ersten Sünde gab Gott uns auch eine Verheißung, die uns zu ihm zurückbringen würde.

Die Strafe musste bezahlt werden.

Dafür musste unsere Sünde auf ein vollkommenes Opfer übertragen werden, weshalb Gott seinen eigenen schuldlosen, vollkommenen Sohn zu uns sandte, um unsere Sünde zu tragen und unser Schicksal zu ertragen – um uns zurückzuerobern.

Jesus kam und erfüllte, was jahrtausendelang prophezeit worden war. Er lebte ein vollkommenes Leben und starb einen schrecklichen Tod, um für unsere Sünde zu bezahlen. Dann, nach drei Tagen, besiegte er den Tod, stand vom Grab wieder auf und sitzt nun an der Seite seines Vaters, wo er auf uns wartet.

Jeder, der das Blut Jesu für die Vergebung seiner Sünden annimmt, wird von Gott als sein Kind angenommen und erhält Gottes eigenen Geist, der uns versiegelt und befähigt, dieses Leben für ihn zu leben.

Unsere Seele ist rastlos, bis sie in Gott Ruhe findet. Wir wurden für ihn geschaffen, und er gab uns alles, damit unsere Seele letztendlich für immer in ihm ruhen kann.

Wenn du noch nie dein Vertrauen auf Jesus gesetzt hast, um Vergebung für deine Sünden zu erhalten, kannst du das jetzt tun. Sag ihm einfach, dass du ihn brauchst, und sag ihm, dass du von nun an auf ihn vertrauen willst als deinen Herrn und Retter.

ZURÜCKLASSEN UND NACH VORNE GEHEN

Manchmal ist es hilfreich, sich vor Augen zu führen, wo man gewesen ist und wo man hingeht, einfach, um eine neue Perspektive zu erlangen. Ich habe dies bei meiner Arbeit mit verschiedenen Gruppen als recht hilfreich empfunden.

Was lässt du zurück?

Auf was bewegst du dich hin?

...

Schreibe in deinem Notizbuch die Antworten unter folgenden Unterpunkten auf.

Ich lasse Folgendes zurück:

____

Ich bewege mich auf Folgendes hin:

____

Folgende Stichpunkte haben Menschen, die an meinem Projekt teilgenommen haben, zu diesen Fragen aufgeschrieben:

Ich lasse Folgendes hinter mir:	Ich bewege mich auf Folgendes zu:
Angst und Sorge	Freiheit in Christus
Satans Einfluss auf mein Leben	Mit Freude mehr von mir selbst geben
Vergleiche mit anderen	Mut
Unsicherheit	Mein Rennen laufen
Was die anderen denken	Glaube
Zurückhaltung	Völlige Hingabe
Scham und Erschöpfung	Erfüllung in Gottes Plan für mich
Komfort	Tiefen Glauben an Jesus
Entmutigung	Jesus und andere Menschen
Gelähmt sein	Gehorsam und Vertrauen
Meinen Kleinglauben	Wilde Leidenschaft
Bequemlichkeit	Zuhören
Verurteilung	Dinge bewusst tun
Kontrolle	Freiheit
Sorge, die Berufung kam nicht von Gott	Vertrauen in das, was Gott tun kann, und einfach loslegen
Regeln, die mich fesseln	Groß träumen
Unsicherheit	Um die Not um mich herum kümmern
Rastlosigkeit	Mich dem Unbekannten stellen, zusammen mit dem, der es kennt
Geschäftigkeit	
Entmutigung	Die Nöte der Menschen, die ich direkt vor Augen habe
Schuld	
Die Zustimmung anderer	Jesus und die Führung des Heiligen Geistes
Verworrene Träume	
Rastlosigkeit	Etwas tun (auf Jesus blicken und losgehen)
Apathie	

ANMERKUNGEN

Kapitel 2: Verwirrte Lebensfäden

1. C. S. Lewis: „Pardon, ich bin Christ", Brunnen Verlag, Basel, 2001, S. 126

Kapitel 3: Sterben, um zu leben

1. Todd Harper: „Our Contract with God: An Interview with Bill and Vonette Bright", von der Generous-Giving-Website, http://library.generousgiving.org/articles/display.asp?id=123
2. *1. Korinther 6,20; Gal 2,20*
3. *Jennie Allen: „Alles. Wie ein kleines Gebet mein Leben radikal veränderte", Brunnen Verlag, Gießen, 2013, S. 131–132*
4. *Jennie Allen (Blog): „When It Feels Like God Forgot", 20.12.2012, http://jennieallen.com/blog/when-it-feels-like-god-forgot/*

Kapitel 4: Die Erlaubnis zu träumen

1. Merriam-Webster Online: „dream", aufgerufen am 30.05.2013, http://www.merriam-webster.com/dictionary/dream
2. Claude-Michel Schönberg (Komponist), Alain Boublil, Jean-Marc Natel, Herbert Kretzmer (Text): „I Dreamed a Dream" aus „Les Misérables" (Film), Universal Pictures, 2012 (deutsche Untertitel)

Kapitel 5: Ungewissheiten

1. Kevin DeYoung: „Leg einfach los!", Betanien Verlag, Augustdorf, 2017
2. *John Piper: „How Can I Discern the Specific Calling of God on My Life?"* Desiring God (Blog), aufgerufen am 14.11.2007, http://www.desiringgod.org/resource-library/ask-pastor-john/how-can-i-discern-the-specific-calling-of-god-on-my-life
3. Kolosser 3,23

Kapitel 6: Gott gefallen

1. 1. Mose 11
2. 2. Mose 3,7–8, frei wiedergegeben, Kursivsetzung durch die Autorin
3. Timothy Keller: „Berufung", Brunnen Verlag, Gießen, 2018
4. Aus einem Interview mit Daniel Radcliffe in der Sendung „Larry King Live", CNN, 10.07.2011

Kapitel 8: Der Prozess

1. Timothy Keller: „Berufung", Brunnen Verlag, Gießen, 2018
2. Matthäus 15,34, frei wiedergegeben
3. Dieser Satz wird oft Mark Twain zugeschrieben. https://www.aphorismen.de/zitat/11084, aufgerufen am 16.04.2019

Kapitel 10: Das feste Gewebe

1. 1. Mose 1,26
2. 1. Mose 1,27, frei wiedergegeben
3. 1. Mose 6,5, frei wiedergegeben
4. Johannes 1,12
5. 1. Korinther 2,9
6. 2. Korinther 5,5
7. 2. Timotheus 3,17
8. Hebräer 10,37
9. Offenbarung 12,10, frei wiedergegeben
10. Offenbarung 12,11, frei wiedergegeben
11. Psalm 118,1
12. Hebräer 10,37
13. C. S. Lewis: „Der letzte Kampf: Die Chroniken von Narnia", Brendow Verlag, Moers, 2001, S. 159–160

Kapitel 11: Der Ausgangspunkt

1. Brennan Manning: „Kind in seinen Armen", R. Brockhaus Verlag, Wuppertal, 1999, S. 22, 103

Kapitel 12: Die Vielfalt unserer Gaben

1. Aus dem Film „Die Stunde des Siegers", Regie: Hugh Hudson (Enigma Productions, 1981)

Kapitel 13: Spuren des Leids

1. Aus einem Interview mit Mary Beth Chapman (frei wiedergegeben) in der Sendung „Good Morning America“, ABC, 14.12.2009
2. Jesaja 61,3, frei wiedergegeben
3. 1. Mose 50,20, frei wiedergegeben
4. Gilbert Tuhabonye und Gary Brozek: „The Voice in My Heart“, HarperCollins, New York, 2006, S. 206

Kapitel 14: Wichtige Orte

1. Jim Elliot, zitiert von Elisabeth Elliot in: „Durchs Tor der Herrlichkeit“, Aussaat Verlag, Neukirchen-Vluyn, 1995, S. 13

Kapitel 15: Menschen, die uns prägen

1. 1. Mose 50,20, frei wiedergegeben

Kapitel 16: Unsere verschiedenen Leidenschaften

1. Eric Metaxas: „Wilberforce: Der Mann, der die Sklaverei abschaffte“, SCM Hänssler, Holzgerlingen, 2013
2. Aus dem Film „Amazing Grace“, Regie: Michel Apted (20th Century Fox, 2007)
3. Frederick Buechner: „Wunschdenken“, Theologischer Verlag Zürich, 2009, S. 15

Kapitel 17: Der Schneidermeister

1. Duden-Online-Wörterbuch, https://www.duden.de/rechtschreibung/regenerieren (aufgerufen am 02.07.2019)
2. Sprichwörter 3,6, frei wiedergegeben

Kapitel 20: Wenn wir rückwärts rudern

1. Steven Pressfield: „The War of Art“, Black Irish Entertainment, New York, 2002; auf Deutsch erschienen unter: „Morgen fange ich an … warum nicht heute?“, Ariston Verlag, München, 2003
2. Lukas 22,42, frei wiedergegeben
3. 1. Korinther 10,23, frei wiedergegeben

Kapitel 21: Wenn Frauen träumen

1. Galater 3,28

Kapitel 22: Fokussiert und beständig

1. Bill Gates: „Der Weg nach vorn“, Wilhelm Heyne Verlag, München, 1995, S. 436

Kapitel 23: Das Ende der Banalität

1. C. S. Lewis: „Das Gewicht der Herrlichkeit“, Brunnen Verlag, Basel, 1982, S. 102–103

Wie man Gott finden kann

1. Augustinus von Hippo, http://daszitat.de/autoren/a-c/autoren-a/aurelius-augustinus/ (aufgerufen am 15.05.2019)

FSC
www.fsc.org
MIX
Papier aus verantwortungsvollen Quellen
FSC® C014496

1. Auflage 2020
Bestell-Nr. 817626
ISBN 978-3-95734-626-1

Umschlaggestaltung: Hanni Plato
unter Verwendung von Shutterstock
Übersetzt von Christiane Henrich
Satz: Uhl + Massopust, Aalen
Druck und Verarbeitung: GGP Media GmbH, Pößneck
Printed in Germany

www.gerth.de